Friedrich Ballhorn

Alphabete orientalischer und occidentalischer Sprachen

Friedrich Ballhorn

Alphabete orientalischer und occidentalischer Sprachen

ISBN/EAN: 9783845724201

Erscheinungsjahr: 2012

Erscheinungsort: Bremen, Deutschland

www.unikum-verlag.de | office@unikum-verlag.de

Friedrich Ballhorn

Alphabete orientalischer und occidentalischer Sprachen

ALPHABETE

ORIENTALISCHER UND OCCIDENTALISCHER

SPRACHEN

ZUSAMMENGESTELLT VON

FRIEDRICH BALLHORN.

ACHTE VERMEHRTE AUFLAGE.

LEIPZIG
IN COMMISSION BEI F. A. BROCKHAUS.
1859.

Verzeichniss der Alphabete.

	Seite
Persische Keilschrift	5
Medische Keilschrift	6
Assyrische Keilschrift	7
Aelteste Schriftzeichen	8
Hieroglyphen.	
Hieratisch.	
Demotisch.	
Phönicisch.	
Numidisch.	
Althebräisch.	
Aramäisch.	
Estrangelo.	
Palmyrenisch.	
Kufisch.	
Altgriechisch.	
Altitalisch.	
Etrurisch.	
Hebräisch	10
Rabbinisch	13
Deutsch-Rabbinisch	13
Hebräische Currentschrift	14
Samaritanisch	15
Syrisch	16
Arabisch	20
Arabische Ligaturen	22
Aethiopisch	23
Aethiopisch und Amharisch	24
Türkisch	25
Persisch	26
Afghanisch	27
Koptisch	28
Chinesisch	29
Japanisch	33
Sanskrit	34
Tamulisch	38
Zend	40
Birmanisch	40
Karnatisch	41

	Seite
Guzeratisch	42
Telingisch	43
Bengalisch	44
Bugisch	44
Javanisch	45
Tibetanisch	48
Mongolisch	49
Mandschu	50
Armenisch	52
Georgisch	53
Griechisch	54
Griechische Abbreviaturen	55
Neugriechisch	56
Cyrillisch	57
Glagolitisch	58
Kroatisch-Glagolitisch	59
Russisch	60
Russische Currentschrift	61
Serbisch	62
Illyrisch	62
Walachisch	63
Polnisch	64
Wendisch	65
Böhmisch	66
Ungarisch	67
Lettisch	68
Dänisch	69
Schwedisch	70
Angelsächsisch	71
Irisch	71
Gothisch	72
Runen	73
Allemand	75
German	76

Persische Keilschrift.

Von der Keilschrift, welche vor dem Eroberungszuge Alexander's des Grossen in fast allen den Perserkönigen (Achämeniden) unterworfenen asiatischen Ländern gebräuchlich war, gibt es zwei Hauptarten. Die eine derselben, die arische Keilschrift, deren Alphabet wir hier zunächst mittheilen, ist eine reine Buchstabenschrift, wurde von den eigentlichen Altpersern gebraucht und ist jetzt mit ziemlicher Sicherheit gelesen. Die zweite Art, deren Entzifferung bisher noch zu keinen völlig sichern Ergebnissen geführt, ward mit gewissen Modificationen von wenigstens fünf verschiedenen Völkern angewendet, den Babyloniern, den Assyrern, den medischen Scythen (die zweite Gattung auf den dreisprachigen Inschriften von Persepolis und Bisutun), den Susiern und Armeniern. Bei der Mehrzahl dieser fünf Schriftgattungen kann man bis jetzt wieder drei Stile, den archaischen, lapidaren und cursiven, unterscheiden.

Figur	Bedeutung	Figur	Bedeutung	Figur	Bedeutung	Figur	Bedeutung
	a		t		m (vor i)		s (sh)
	i		t' (vor i)		m' (vor u)		z
	u		t' (vor u)		n		z', g'
	k		th		j		h
	q		d		r		thr (tr)
	kh		dh		r'		rp, q
	g		p		v		d, h
	gh		f		w		b, u, m, i
	k'		b		ç (s)		Wort-trenner.
	g'		m				

Medische Keilschrift.

Figur	Bedeutung	Figur	Bedeutung	Figur	Bedeutung	Figur	Bedeutung
	a		t		phi		wo
	â		ta		j		s
	i		ti		ju		sa
	i		tu		jo		su
	u		th		r		s'
	û		thi		ra		s'a
	q		thu		ri		s'i
	qu		p		ru		z
	k		pa		ro		za
	ka		pi		lu		h
	ku		pe		vi		ha
	kh		pu		ve		n
	kha		ph		w		ni
	khu		pha		wu		m

Assyrische Keilschrift.

Figur	Bedeutung	Figur	Bedeutung	Figur	Bedeutung	Figur	Bedeutung
	a		ch		n		
							r
			t				
	a, ja				p		
							ř rsch
	b						
			t, s				
	g, kh				ds, z, dsch		s
	d		i				
	h		i, y		k		
	hu, w, j		i, ü				
			j				sch
	u						
			kh				
	o						
	w, h, a, r		m, w		r		a. z
							nü
	ch		n				wusch

Aelteste Schriftzeichen.

Ordnung.	Hieroglyphen.	Hieratisch.	Demotisch.	Phönicisch.	Numidisch.	Althebräisch.
א Aleph			. . .		. .	
ב Beth						
ג Gimel		. . .	. . .		. . .	
ד Daleth			. . .			
ה He						
ו Waw			. . .		. . .	
ז Sajin			. . .		. . .	. . .
—			. . .	. . . .	. . .	. . .
—				. . . .	. . .	. . .
ח Cheth			. . .			
ט Teth		. . .				. . .
י Jod					. . .	
כ Caph						
ל Lamed						
מ Mem						
נ Nun			. . .			
ס Samech						. . .
ע Ajin						
פ Phe						
צ Zade		. . .	. . .		. . .	
ק Koph						
ר Resch						
ש Schin					. . .	
ת Taw		. . .	. .			
ה				. . . .	. . .	. . .

Aelteste Schriftzeichen.

Aramäisch.	Estrangelo.	Palmyrenisch.	Kufisch.	Altgriechisch.	Altitalisch.	Etruskisch.
						a
						b
						k, g
						t, d
						e
						f
						h
						i
						l
						m
						n
						o
						p, b
						r
						s
						u
						v, u

Hebräisch.

Figur		Benennung	Bedeutung	Zahlwerth
א		Aleph	Spiritus lenis	1
ב		Beth	b bh	2
ג		Gimel	g gh	3
ד		Daleth	d dh	4
ה		He	h	5
ו		Waw	w	6
ז		Sajin	s gelinde	7
ח		Cheth	ch	8
ט		Teth	t	9
י		Jod	j	10
כ	Ende ך	Caph	k ch	20
ל		Lamed	l	30
מ	Ende ם	Mem	m	40
נ	Ende ן	Nun	n	50
ס		Samech	s	60
ע		Ajin	Kehlhauch	70
פ	Ende ף	Phe	p ph	80
צ	Ende ץ	Ssade	ss	90
ק		Koph	q	100
ר		Resch	r	200
שׂ		Sin	s	300
שׁ		Schin	sch	
ת		Taw	t th	400

Final-Caph
verbunden mit

Schwa ךְ Kamess ךָ Dagesch u. Kamess ךָּ

Ligaturen.

יי oder ײ = יְהוָה

ﭏ = אל, auch für אֱלֹהִים

Bemerkungen.

Das hebräische Alphabet besteht, wie alle semitischen Alphabete, lediglich aus Consonanten, 22 an der Zahl, von denen einige jedoch auch Vokalpotenz haben. Man liest von der Rechten zur Linken. Am Ende der Zeilen dürfen die Wörter nicht getrennt werden; um aber das Ausfüllen (Ausschliessen) der Zeilen zu erleichtern, wurden folgende gedehnte Buchstaben (*dilatabiles*) angewendet, deren man sich jedoch in neuen Drucken nicht mehr bedient:

א ה ת ל ר ם

Consonanten.

Bemerkungen über die Aussprache.

א der leiseste Kehlhauch, ein kaum hörbarer Luftstoss aus der Lunge, der Spiritus lenis der Griechen, dem ה ähnlich, aber gelinder.

ה vor einem Vokale, ist ganz das deutsche h (*Spiritus asper*); auch nach dem Vokal, am Ende einer Sylbe, ist es Kehlhauch, doch am Ende des Worts oft Stellvertreter eines Vokals.

ע 1) ein am Hintergaum gebildetes schnarrendes g; 2) ein schwächerer, dem א ähnlicher Hauch. Jetzt ist es am gewöhnlichsten, das ע und א beim Lesen und Umschreiben der Wörter in unserer Schrift ganz zu umgehen, z. B. עֵלִי *Eli*.

ח der festeste Kehlhauch, ein gutturales ch, wie es die Schweizer sprechen, ähnlich dem spanischen x und j.

ר haben die Hebräer mehr als schnarrenden Kehlhauch, nicht als bebenden Zungenlaut ausgesprochen.

שׁ und שׂ waren ursprünglich Ein Buchstabe, und in der unpunktirten Schrift ist es noch so. Da aber dieser Laut in mehrern Wörtern auffallend gelinder war und an s grenzte, so schieden die Grammatiker diese doppelte Aussprache durch den diakritischen Punkt in שׁ (sch) und שׂ (*s*).

ז ist ein gelinde säuselndes s, das griechische ζ, das französische und englische z.

ט, ק und צ werden mit starker Articulation und Zusammenpressung der Organe im Hintermunde ausgesprochen: die erstern beiden unterscheiden sich deshalb wesentlich von ת u. כ, die unserm t u. k entsprechen u. ausserdem oft der Aspiration unterliegen.

Die sechs Consonanten ב ג ד כ פ ת haben eine doppelte Aussprache: 1) eine härtere, dünnere, wie unser b g d k p t, und 2) eine weichere, mit einem gelinden Hauch begleitete. Der härtere Laut ist der ursprüngliche. Ein solcher ist er zu Anfang der Wörter und Sylben, wenn kein unmittelbar vorhergehender Vokal darauf einwirkt, und wird durch einen Punkt in denselben, *Dagesch lene*, bezeichnet. Die aspirirte Aussprache tritt ein in Folge eines unmittelbar vorhergehenden Vokallautes und wird in Handschriften durch das *Raphe* (◌ֿ) bezeichnet, in gedruckten Texten aber an der Abwesenheit des Dagesch erkannt.

Eintheilung der Consonanten.

a) Nach den Organen ihrer Aussprache:
1) Kehlbuchstaben (*gutturales*) א ה ע ח
2) Gaumenbuchstaben (*palatinae*) י ג כ ק
3) Zungenbuchst. (*linguales*) ד ת ט nebst ל נ
4) Zahnbuchstaben (*dentales*) ז ס ש צ
5) Lippenbuchstaben (*labiales*) ו מ ב פ
Das ר schwebt zwischen der 1. und 4. Classe.

b) Nach der Art ihres Lautes:
1) Hauchlaute (*aspirantes*): א ח ע ה
2) Weiche Laute (*molles*): liquidae ל מ נ ר, Halbvokale י ו
3) Zischlaute (*sibilantes*): ז ס ש צ
4) Stummlaute (*mutae*): ב ג ד כ פ ת und ק ט

Vokale.

Dass die Tonleiter der fünf Vokale a e i o u von den drei Urvokalen a i u ausgeht, ist im Hebräischen und den übrigen semitischen Sprachen noch weit deutlicher zu sehen als in andern Sprachen. Das e ist aus a + i und das o aus a + u entstanden, und beide sind eigentlich zusammengezogene Diphthonge, ê aus ai, ô aus au. — Die so entstandenen vollen Vokale sind, nach den drei Hauptvokallauten jedesmal in ihrer Quantitätsfolge geordnet, diese:

Laut **a** (א)

◌ָ Kamess, â ā
◌ַ Pathach, ă.

Laut **e — i** (י)

◌ֵי Ssere (mit Jod), ê
◌ִי Chirek (magnum), î
◌ֵ Ssere (ohne Jod), ē (ê)
◌ֶ Segol, ĕ, è (letzteres auch durch ◌ֶי bezeichnet)
◌ִ Chirek (parvum), ĭ (i).

Laut **o — u** (ו)

וֹ Cholem (magnum), ô
וּ Schurek, û
◌ֹ Cholem (parvum), ō (ô)
◌ָ Kamess-chatuph, ŏ
◌ֻ Kibbuss, ŭ (ū).

Das Vokalzeichen steht unter dem Consonanten, nach welchem es gesprochen wird (רַ ra); nur das Pathach, wenn es unter einer Gutturalis am Ende steht, macht davon eine Ausnahme und wird vor dem Consonanten gesprochen, רוּחַ ruach; es heisst in diesem Falle *Pathach furtivum*. Das Cholem (ohne Waw) steht oben hinter dem Consonanten: רֹ rō. Die Figur וֹ ist zuweilen auch *ow* auszusprechen, sodass ו Consonant ist und das ˙ vor dasselbe gehört, zuweilen *wo*, sodass das Cholem hinter dem Waw gelesen wird. In genauern Drucken unterscheidet man ׁו *ow*, וֹ *wo*, וֹ *ô*. Ebenso unterscheidet man וּ (Schurek) und וּ (Waw mit Dagesch). Da indessen das וּ (Schurek) leicht zu erkennen ist, weil es vor und unter sich keinen Vokal haben kann, so wird gewöhnlich ein und dasselbe Zeichen gesetzt.

Im Gegensatz zu den Vokalzeichen gibt das Zeichen

◌ְ Schwa die Abwesenheit des vollen, deutlichen Vokales an. Also

1) zeigt es die **völlige** Abwesenheit eines Vokales an, wenn es unter dem Endconsonanten einer Sylbe steht, als **Sylbentheiler** (*Schwa quiescens*). Unter dem Endconsonanten eines Wortes jedoch bleibt es weg, ausser im Final-Caph (ךְ), und wenn das Wort mit zwei Consonanten schliesst, wo es unter beiden steht (◌ְ◌ְ):

2) drückt es den flüchtigsten, unbestimmtesten Vokallaut, etwa einen Anstoss zum e aus (*Schwa mobile*).

Klarer ausgebildet ist der Laut des *Schwa mobile* in den Chatephvokalen (חָטֵף rapidum), indem zum einfachen Schwa noch ein kurzer Vokal gesetzt wird, wesshalb man es auch *Schwa compositum* im Gegensatz zu *Schwa simplex* nennt. Es giebt drei Chatephvokale, nämlich:

◌ֲ Chateph-Pathach, halbes a
◌ֱ Chateph-Segol, halbes e
◌ֳ Chateph-Kamess, halbes o.

Lesezeichen.

In dem genauesten Zusammenhange mit der Vokalsetzung stehen die wahrscheinlich gleichzeitig eingeführten Lesezeichen. Hierher gehört zuerst der diakritische Punkt des שׁ und שׂ. Trifft derselbe mit Cholem (◌ֹ) zusammen, so wird statt beider nur ein Punkt gesetzt, so dass שֹׁ = *so* lautet, wenn es selbst ohne sonstiges Vokalzeichen steht, שׁ aber = *osch*, wenn der vorhergehende Consonant unpunktirt ist, z. B. שֹׂנֵא *sone*, מֹשֶׁה *moscheh*.

Häufiger ist der Punkt im Consonanten, welcher im Allgemeinen die härtere Aussprache anzeigen soll; er wird dreifach angewandt, nämlich als:

Dagesch forte, Verdoppelungszeichen.

Dagesch lene, Verhärtungszeichen, steht nur in den 6 Mutis ת פ כ ד ג ב in den oben angegebenen Fällen; haben sie sonst ein *Dagesch*, so muss es *Dagesch forte* sein.

Mappik, Zeichen des Consonantlautes der Vokalbuchstaben, in unsern Ausgaben nur im ה am Ende des Wortes.

Den Gegensatz zum Punkt der Verhärtung im Consonanten bildet der Strich der Erweichung über demselben

Raphe (ˉ) genannt. Dieses ist in unsern gedruckten Ausgaben fast ausser Gebrauch gekommen, und steht nur noch da, wo man ausdrücklich die Abwesenheit eines *Dagesch* oder *Mappik* anzeigen will.

Accente

Die Accente haben im Allgemeinen die Bestimmung, die rhythmische Gliederung der Verse im alttestamentlichen Texte anzudeuten. Hierin ist aber insbesondere eine doppelte Function derselben enthalten. Der Accent bezeichnet nämlich zugleich theils das logische Verhältniss jedes Wortes zum ganzen Satze, theils auch die Tonsylbe des einzelnen Wortes. In ersterer Hinsicht vertreten die Accente die Stelle von Interpunktionszeichen, in letzterer sind sie Tonzeichen. — Als *Tonzeichen* sind die verschiedenen Accente völlig gleichgeltend, denn es gibt im Hebräischen nur Eine Art der Betonung. In den meisten Wörtern ruht der Ton auf der letzten, seltener auf der vorletzten Sylbe. — Insofern die Accente *Interpunktionszeichen* sind, ist ihr Gebrauch desto complicirter und sind sie nicht blos Trennungszeichen, wie unser Punkt, Komma und Kolon, sondern zum Theil auch Verbindungszeichen. Man theilt sie daher in *Distinctivi* und *Conjunctivi*. In folgendem Verzeichniss sind sie nicht nach ihrer grammatikalischen Geltung, sondern der kurzen praktischen Uebersicht halber, als *obere* und *untere* aufgeführt.

Untere Accente.

ˌ Sillok nur am Ende des Verses, daher immer mit : Soph-pasuk, dem Versabtheiler, zusammentreffend.

֑ Athnach, meistens in der Mitte des Verses.

Jethib (stets links am Vokal)

Tebir

Tipheha initiale

Merka

Doppel-Merka

Munach

Mahpach (rechts am Vokal)

Darga

Järach

Tipheha finale.

Obere Accente.

Segolta

Sakeph-katon

Sakeph-gadol

Rebia

Sarka

Kadma

Paschta

Schalschelet

Paser

Karne-phara

Gross-Telischa

Klein-Telischa

Gäresch

Doppel-Gäresch.

Bisweilen zusammengehörig und Einen Accent bildend (oben und unten stehend):

Merka mahpachatum

Merka sarkatum

Mahpach sarkatum.

: Soph-pasuk, Versabtheiler.

| Pesik, zwischen den Wörtern.

- Makkeph, Verbinder, oberhalb zwischen den Wörtern.

ˌ Metheg, Tonzeichen (links am Vokal).

Zahlzeichen.

Die Hebräer haben keine besondern Ziffern, sondern bedienen sich der Consonanten zugleich als Zahlzeichen. Die Einer sind durch א—ט, die Zehner durch י—צ, 100—400 durch ק—ת bezeichnet. Die Zahlen von 500—900 bezeichnen Einige durch die 5 Finalbuchstaben ך 500 ם 600 ן 700 ף 800 ץ 900, Andere durch ת = 400 mit Hinzufügung der übrigen Hunderte, als תק 500. Bei zusammengesetzten Zahlen steht die grössere vorn, als יא 11, קכא 121. Nur 15 wird durch טו (9 + 6) ausgedrückt, nicht יה, weil so der Gottesname יהוה anfängt, und meist schreibt man aus gleicher Rücksicht טז (16) für יו. Die Tausende werden durch die Einer bezeichnet mit zwei darüber gesetzten Punkten, als א̈ 1000.

Abbreviationszeichen.

' Ein Strich an dem Buchstaben, z. B. א', bedeutet, dass derselbe Buchstabe als Zahlzeichen dient. An dem letzten Buchstaben eines Wortes, z. B. 'מס (= מסורה), ist er Zeichen der Wortabkürzung.

" Zwei Striche über einem Worte, z. B. א"ת, zeigen an, dass die Buchstaben Abbreviaturen ganzer Wörter sind.

° oder * verweist in Bibelausgaben auf die Varianten am Rande des Textes oder unter demselben. Ersteres Zeichen ist masorethisch, letzteres neuern Ursprungs.

Rabbinisch.

Figur	Benennung	Bedeutung
א	Aleph	Spiritus lenis
ב	Beth	bh b
ג	Gimel	gh g
ד	Daleth	dh d
ה	He	h
ו	Waw	w
ז	Sajin	s
ח	Cheth	ch Kehlhauch
ט	Teth	t
י	Jod	j
כ am Ende ך	Caph	ch k
ל	Lamed	l
מ am Ende ם	Mem	m
נ am Ende ן	Nun	n
ס	Samech	s
ע	Ajin	Kehlhauch
פ am Ende ף	Phe	ph p
צ am Ende ץ	Zade	z
ק	Koph	k
ר	Resch	r
ש	Schin Sin	sch s
ת	Taw	th t

Deutsch-Rabbinisch.

Figur	Bedeutung
א	a
ב	b
בֿ	v f
ג	g
ד	d
ה	h
ו	v u o
וו	w
ז	s
ח	cch
ט	t
י	i j e kurz
כ am Ende ך	c
כֿ	ch
ל	l
מ am Ende ם	m
נ am Ende ן	n
ס	s ss
ע	e lang
פ am Ende ף	p
פֿ	ph pf v
צ am Ende ץ	z tz
ק	k ck q
ר	r
ש	s sch
ת	t
תֿ	tt

Diphthonge.

אױ au. יי ei, ױי eu, ױ ö ü

Hebräische Currentschrift.

Figur Polnisch	Figur Deutsch	Benennung	Bedeutung		Zahlwerth
		Aleph	א	a	1
		Beth	ב	b	2
		Gimel	ג	g	3
		Daleth	ד	d	4
		He	ה	h	5
		Waw	ו	w	6
		Sajin	ז	s	7
		Cheth	ח	ch	8
		Teth	ט	t	9
		Jod	י	i	10
		Caf	כ	cch	20
	od.	Lamed	ל	l	30
		Mem	מ	m	40
		Nun	נ	n	50
		Samech	ס	ss	60
od.	od.	Ain	ע	e	70
		Pe	פ	p	80
		Fe	פֿ	f	90
		Zade	צ	c od. z	100
		Kuph	ק	k	200
		Resch	ר	r	300
		Schin	ש	sch	400
		Taw	ת	th	500

Ligaturen

	=	בע	be
	=	בה	bh
	=	נג	ng
	=	נד	nd
	=	נה	nh
	=	נפֿ	nf
	=	ננ	nn
	=	נו	nw
	=	ני	nj
	=	צד	zd
	=	צו	zw
	=	צי	zi

mit Abbreviationszeichen, am Ende einiger Wörter gebräuchlich.

Finalbuchstaben.

Polnisch.				Deutsch.			
	=	ך	cch		=	ך	cch
	=	ם	m		=	ם	m
	=	ן	n		=	ן	n
	=	ף	f		=	ף	f
	=	ץ	c z		=	ץ	c z

Samaritanisch.

Figur	Benennung	Bedeutung	Zahlwerth
ࠀ	Aleph	Spiritus lenis	1
ࠁ	Beth	b bh	2
ࠂ	Gimel	g gh	3
ࠃ	Daleth	d dh	4
ࠄ	He	h Spir. asper	5
ࠅ	Vau	w v	6
ࠆ	Sain	s ds	7
ࠇ	Cheth	ch hh	8
ࠈ	Teth	t	9
ࠉ	Jod	j	10
ࠊ	Caf	k ch	20
ࠋ	Lamed	l	30
ࠌ	Mem	m	40
ࠍ	Nun	n	50
ࠎ	Samech	s	60
ࠏ	Ain	ע der Hebr.	70
ࠐ	Phe	p ph	80
ࠑ	Tsade	ts	90
ࠒ	Kuph	k	100
ࠓ	Resch	r	200
ࠔ	Schin	sch	300
ࠕ	Thaw	t th	400

Bemerkungen.

Das Samaritanische gehort zum semitischen Sprachstamm. Das Alphabet besteht daher nur aus (22) Consonanten und wird von der Rechten zur Linken gelesen; auch theilt man am Schlusse der Zeile die Wörter nicht ab, sondern trennt, um den Raum auszufüllen, die zwei Endbuchstaben des letzten Wortes von den übrigen und setzt dieselben an das Zeilende; bei Druckwerken wird solches vermieden durch Verkleinerung oder Vergrosserung der Räume zwischen den Wörtern.

Eine Punktation (d. h. systematisch zu den Consonanten gesetzte Vokal-, Lese- und Accentzeichen), wie die hebräische, fehlt dem Samaritanischen ganz, wenn man nicht einige nothdürftige Lese- und Interpunktionszeichen hierher rechnen will. Daher sind wir über die samaritanische Consonanten- und Vokalaussprache oft etwas im Dunkeln; zu letzterer gehört ohnehin Kenntniss des Syrischen und Hebräischen.

Vokale.

Die Vokalbezeichnung fehlt eigentlich, wie in allen semitischen Sprachen; doch nimmt man zur Erleichterung des Lesens gewisse Consonanten (Vokalbuchstaben) zu Hülfe; so für

a ࠀ. ࠄ. ࠏ

e ࠀ. ࠉ

i ࠉ

o, u ࠅ

Fängt ein Wort mit zwei Consonanten an, so wird der erste mit einem flüchtigen Vokallaute (vergl. hebr. Schwa) gesprochen.

Lesezeichen.

Das einzige Lesezeichen ist ein Strich über dem Buchstaben (z. B. ࠀ̄), welcher die Bedeutung hat, dass man auf den Zusammenhang aufmerken soll, entweder um nicht zwei gleichgeschriebene Wörter oder Formeln desselben Wortes zu verwechseln, oder weil ein Buchstabe hinzugefügt oder ausgefallen ist. Ueber ࠉ und ࠅ gesetzt, zeigt der Strich an, dass diese Consonanten nicht als Vokale gebraucht sind.

Interpunktion.

Der Endbuchstabe des Wortes erhält oben einen Punkt. Die übrigen, von Abschreibern erfundenen Interpunktionszeichen sind im Ganzen folgende:

: oder ˙ oder ⁖ am Ende eines Satzes.

·· (auch blos ·) am Ende eines Sätzchens, Satztheils (unser Kolon).

=⁖ oder —<: seltner —⁖ etc., oder zusammengesetzt —<:=⁖ etc. am Ende eines grössern Satzes oder Abschnitts.

<⁘==⁘> oder ähnliche, oft sehr lange Zusammensetzungen zwischen dem Ende der alten und Anfang der neuen Periode oder Erzählung (Capitel etc.).

Die Zahlzeichen sind wie im Hebräischen (siehe dieses).

Syrisch.

Benennung	Figur ohne Anschluss	Figur n. rechts verbunden	Figur n. beiden Seiten verbund.	Figur n. links verbunden	Bedeutung	Zahlwerth
Olaph	ܐ	ܐ	. . . .	. . . .	Spiritus lenis	1
Beth	ܒ	ܒ	ܒ	ܒ	b oder v	2
Gomal	ܓ	ܓ	ܓ	ܓ	g	3
Dolath	ܕ	ܕ	. . . .	. . . .	d	4
He	ܗ	ܗ	. . . .	. . . .	h	5
Vau	ܘ	ܘ	. . . .	. . . .	w oder v	6
Zain	ܙ	ܙ	. . . .	. . . .	ç franz.	7
Cheth	ܚ	ܚ	ܚ	ܚ	ch oder hh	8
Teth	ܛ	ܛ	ܛ	ܛ	t	9
Jud	ܝ	ܝ	ܝ	ܝ	i	10
Coph	ܟ	ܟ	ܟ	ܟ	k oder ch	20
Lomad	ܠ	ܠ	ܠ	ܠ	l	30
Mim	ܡ	ܡ	ܡ	ܡ	m	40
Nun	ܢ	ܢ	ܢ	ܢ	n	50
Semcath	ܣ	ܣ	ܣ	ܣ	s	60
Ee	ܥ	ܥ	ܥ	ܥ	ע der Hebräer	70
Phe	ܦ	ܦ	ܦ	ܦ	p oder f	80
Tsode	ܨ	ܨ	. . . .	. . . .	ts oder z	90
Koph	ܩ	ܩ	ܩ	ܩ	k guttur.	100
Risch	ܪ	ܪ	. . . .	. . . .	r	200
Schin	ܫ	ܫ	ܫ	ܫ	sch	300
Thau	ܬ	ܬ	. . . .	. . . .	th	400

Vokale.

Die Schrift der Syrer läuft von der Rechten zur Linken. — Die Vokale werden bezeichnet durch diakritische Punkte oder durch griechischen Vokalen nachgebildete Zeichen, welche jetzt gewöhnlich gebraucht werden. In älteren Schriften findet man beide nebeneinander.

Gestalt Syrisch.	Gestalt Griechisch.	Name	Laut
ܲ	ܰ ܱ	Petocho	a
ܶ od. ܷ	ܶ ܷ	Revotzo	e
ܺ	ܺ ܻ	Chevotzo	i
ܵ od. ܵ	ܳ	Zekofo	o
ܘܼ ܘ̇ ܘ݁	ܘ ܽ	Etzotzo	u

Lesezeichen.

. *Ruchoch*, ein kleiner Punkt unter einer Aspirata, welcher andeutet, dass diese aspirirt zu sprechen sei.

· *Kuschoi*, ein kleiner Punkt über einer Aspirata, welcher andeutet, dass dieselbe ohne Aspiration auszusprechen sei.

·· *Ribui*, zwei horizontale Punkte über dem Worte, welche andeuten, dass dasselbe eine Pluralform sei.

— *Marchetono*, eine horizontale Linie oberhalb der Zeile, steht über dem ersten von zwei vokallosen Consonanten. Ausserdem bedeutet eine über die Consonanten gesetzte Linie: a) Zahl, b) Abkürzung, c) Ausruf.

— *Mehagjono*, eine horizontale Linie unter einem vokallosen Consonanten, welche andeutet, dass derselbe mit *a* oder *e* auszusprechen sei.

— *Lineola occulta*, Eine kleine Linie unter einem Buchstaben, welche andeutet, dass derselbe ohne Vokal (stumm) zu lesen sei.

Interpunktionen.

: bezeichnet den einzelnen Theil des Vordersatzes.

·. das Ende desselben, zugleich Fragezeichen.

.· die einzelnen Theile des Nachsatzes, sowie längere Fragen.

⁘ oder :: am Ende einer Periode.

Zahlwerth.

Das ganze Alphabet reicht zur Bezeichnung der Zahlen bis 400 und bei zusammengesetzten Zahlen steht die grössere voran. Von 500—900 werden die Zehner von 50—90 oben mit · bezeichnet. Die Tausende bezeichnen die Einheiten mit untergesetztem ˏ die Zehntausende ˍ das Tausendfache der Zehntausende ˄. Bei Bruchziffern wird der Zähler durch eine kleine in schiefer Richtung von der Linken zur Rechten, über den Nenner gesetzte Linie bezeichnet ˋ.

Ligaturen.

ܐܠ ܐܠ Olaph-Lomad. ܠܐ ܠܐ Lomad-Olaph. ܓܓ Doppel-Gomal. ܠܠ ܠܠ Doppel-Lomad.

Syrisch.

Geschnitten nach Originalzeichnungen der Professoren Tullberg in Upsala und Bernstein in Breslau bei B. G. Teubner in Leipzig.

Figur	Bedeutung	Benennung	Figur	Bedeutung	Benennung	Figur	Bedeutung	Benennung
1 ܐ	a oder Spirit. lenis.	Olaph	29 ܓ	gh	Gomal	57 ܙ	z (gr. ζ)	Zain
2 ܐ			30 ܓ			58 ܙ		
3 ܐ			31 ܕ	d und dh	Dolath	59 ܚ	hh	Hheth
4 ܒ	b und bh	Beth	32 ܕ			60 ܚ		
5 ܒ			33 ܕ			61 ܚ		
6 ܒ			34 ܕ			62 ܚ		
7 ܒ			35 ܕ			63 ܛ	t	Teth
8 ܒ			36 ܕ			64 ܛ		
9 ܒ			37 ܕ	d		65 ܛ		
10 ܒ	b		38 ܕ			66 ܛ		
11 ܒ			39 ܕ			67 ܛ		
12 ܒ			40 ܕ			68 ܛ		
13 ܒ			41 ܕ oder	dh		69 ܛ		
14 ܒ			42 ܕ			70 ܛ		
15 ܒ	bh		43 ܕ oder			71 ܝ	i	Jud
16 ܒ			44 ܕ			72 ܝ		
17 ܒ			45 ܕ			73 ܝ		
18 ܒ			46 ܕ			74 ܝ		
19 ܓ	g und gh	Gomal	47 ܗ	h	He	75 ܝ		
20 ܓ			48 ܗ			76 ܝ		
21 ܓ			49 ܗ			77 ܝ		
22 ܓ			50 ܗ			78 ܟ	c und ch	Coph
23 ܓ	g		51 ܗ			79 ܟ		
24 ܓ			52 ܗ			80 ܟ		
25 ܓ			53 ܗ			81 ܟ		
26 ܓ			54 ܗ			82 ܟ		
27 ܓ	gh		55 ܘ	w v u	Vau	83 ܟ		
28 ܓ			56 ܘ			84 ܟ	c	

Syrisch.

Figur	Bedeutung	Benennung	Figur	Bedeutung	Benennung	Figur	Bedeutung	Benennung
85	c	Coph	115	s	Semcath	145	sch	Schin
86			116			146		
87			117			147		
88			118	ee (hebr. ע)	Ee	148	t und th	Thau
89			119			149		
90	ch		120			150		
91			121			151		
92			122			152	t	
93			123			153		
94			124	p und ph(f)	Phe	154		
95			125			155		
96	l	Lomad	126			156		
97			127			157	th	
98			128	p		158		
99			129			159		
100			130	ph f		160		
101			131			**Ligaturen.**		
102	m	Mim	132	Scharfes s oder ss	Ssode	161	al	Olaph-Lomad
103			133			162		
104			134			163	gg	Doppel-Gomal
105			135			164		
106			136	k	Kuph	165		
107			137			166		
108	n	Nun	138			167		
109			139			168		
110			140	r	Risch	169		
111			141			170	gv	Gomal-Vau
112			142			171		
113			143			172	vn	Vau-Nun
114	s	Semcath	144	sch	Schin	173		

Syrisch.

Figur	Bedeutung	Benennung
174, 175	in	Jud-Nun
176, 177, 178, 179	la	Lomad-Olaph
180, 181, 182, 183	lt	Lomad-Teth
184, 185, 186, 187, 188	ll	Doppel-Lomad
189, 190, 191, 192	lee	Lomad-Ee
193, 194, 195, 196	lth	Lomad-Thau
197	mn	Mim-Nun
198, 199	na	Nun-Olaph
200	ssn	Ssode-Nun
201, 202	ssg	Ssode-Gomal

Vokale, Accente u. Lesezeichen.

Vokale und Accente.

Nr.	Laut	Benennung
203, 204	a	Pthohho
205, 206, 207	e	Rvosso
208, 209, 210	i	Hhvosso
211, 212, 213	o	Zkopho
214	u	Essosso

Lesezeichen.

Nr.	Benennung
215	Ribui
216	Mhagjono
217	Marhtono
218	Kuschoi, Rucoch

Nr.	Benennung
219	Anfangshäkchen
220, 221	Schlusshäkchen
222, 223	Dehnungsstriche

Interpunktionszeichen u. Zahlen.

Interpunktionszeichen.

224 . | 229 .·
225 _: | 230 ⁝
226 ¯: | 231 ·.
227 _·. | 232 ·:·
228 ¯·.

233 Zeichen für Randbemerkungen
234 Zahlzeichen

Zahlen.

Figur	Zahlwerth
ܐ	1
ܒ	2
ܓ	3
ܕ	4
ܗ	5
ܘ	6
ܙ	7
ܚ	8
ܛ	9
ܝ	10
ܟ	20
ܠ	30
ܡ	40
ܢ	50
ܣ	60
ܥ	70
ܦ	80
ܨ	90
ܩ	100
ܪ	200
ܫ	300
ܬ	400
ܐ	1000

Arabisch.

Benennung	Figur: nicht anschliessend	Figur: rechts anschliessend	Figur: von beiden Seiten anschliessend	Figur: links anschliessend	Bedeutung	Zahlwerth
Elif	ا	ـا	. . .	. . .	א Spir. lenis	1
Be	ب	ـب	ـبـ	بـ	b	2
Te	ت	ـت	ـتـ	تـ	t	400
Tse	ث	ـث	ـثـ	ثـ	th engl.	500
Dschim	ج	ـج	ـجـ	جـ	dsch	3
Hha	ح	ـح	ـحـ	حـ	hh	8
Cha	خ	ـخ	ـخـ	خـ	ch	600
Dal	د	ـد	. . .	. . .	d	4
Dsal	ذ	ـذ	. . .	. . .	dh oder ds	700
Re	ر	ـر	. . .	. . .	r	200
Ze	ز	ـز	. . .	. . .	z	7
Sin	س	ـس	ـسـ	سـ	s	60
Schin	ش	ـش	ـشـ	شـ	sch	300
Ssad	ص	ـص	ـصـ	صـ	ss oder ç	90
Dhad	ض	ـض	ـضـ	ضـ	d oder dd	800
Tha	ط	ـط	ـطـ	طـ	tt oder th	9
Thsa	ظ	ـظ	ـظـ	ظـ	ths oder tz	900
Ain	ع	ـع	ـعـ	عـ	ע Spir. gutt.	70
Ghain	غ	ـغ	ـغـ	غـ	gh	1000
Fe	ف	ـف	ـفـ	فـ	f	80
Kaf	ق	ـق	ـقـ	قـ	k	100
Kef	ك	ـك	ـکـ ـكـ	کـ كـ	k weich	20
Lam	ل	ـل	ـلـ	لـ	l	30
Mim	م	ـم	ـمـ	مـ	m	40
Nun	ن	ـن	ـنـ	نـ	n	50
He	ه Final ة	ـه Final ـة	ـهـ	هـ	h	5
Vav	و	ـو	. . .	. . .	u oder v	6
Je	ى	ـى	ـيـ	يـ	i oder j	10

Mit Vokalen verbundene Lesezeichen.

ـَ ـِ ـُ ـْ ـً ـٍ ـٌ ـَّ ـِّ ـُّ ـّ

Vokale.

ـَ **Fatha**, a ä ĕ   ـِ **Kesre**, i ĕ   ـُ **Dhamma**, u o

Am Ende der Hauptwörter werden die Vokale doppelt geschrieben, um den Casus anzudeuten, und lauten dann: ـٌ un ـٍ in ـً an

Dieses heisst, weil ein *Nun* auf den Vokal folgt, die *Nunation*.

Diphthonge: ـَيْ ai ـَوْ au.

Lesezeichen.

ـْ **Dschezma**, Sylbentheiler, über dem letzten Buchstaben einer zusammengesetzten Sylbe, zeigt an, dass die Sylbe geendigt und der Buchstabe mit dem vorhergehenden Vokale auszusprechen ist; dem *Schwa quiescens* der Hebräer gleich.

ـّ **Teschdid**, Verdoppelungszeichen. Wenn auf den letzten Buchstaben einer Sylbe ein ähnlicher folgt, so wird, statt ihn zweimal zu schreiben, über den folgenden dies Zeichen gesetzt; es kommt mit dem hebräischen *Dagesch* überein. In afrikanischen Handschriften hat es diese Gestalt v oder ʌ.

ـٔ **Hamza**, steht gewöhnlich über dem *Elif*, wenn dieses mobil ist (als Consonant gebraucht wird, also einen Vokal hat); bei dem *Kesre* steht es unten; in einigen Fällen steht es auch über dem *Je*. In kufischen Koranen wird es durch einen kleinen grünen Strich, in maurischen Handschriften durch einen dicken grünen oder gelben Punkt angedeutet.

ـٱ **Vesla**, Verbindungszeichen. Ein Wort, das mit einem *Elif* anfängt, wird in der schnellen Aussprache oft mit dem vorhergehenden zusammengezogen, und diese Verbindung, wobei das *Elif* seinen Vokal verliert, wird durch dieses Zeichen angezeigt.

ـٓ **Medda**, steht über einem in *Fatha* ruhenden *Elif*, auf welches ein *Hamza* folgt, und zeigt an, dass das *a* gedehnt werden soll. Ferner über dem *Elif* im Anfange von Wörtern oder wo ein solches ausgelassen ist; auch dient es als Abkürzungszeichen.

Interpunktion.

Interpunktionszeichen fehlen den Arabern; nur im Koran ist jeder Vers durch ۝ bezeichnet und dies Zeichen oder ، oder ؛ setzen sie auch wol in andern Büchern am Ende eines Abschnittes oder auch einen rothen Punkt. Auch fängt in Handschriften oft ein neuer Abschnitt mit einem roth geschriebenen Worte an; in Wörterbüchern steht über jedem erklärten Worte ein rother Strich.

Zahlzeichen, Ziffern.

Die Araber gebrauchten, wie die übrigen orientalischen Völker, ihre Buchstaben als Zahlzeichen, wie oben im Alphabet angegeben ist; später jedoch nahmen sie folgende 10 Zeichen an, welche wir arabische Ziffern, sie selbst indische nennen:

١	٢	٣	٤	٥	٦	٧	٨	٩	٠
1	2	3	4	5	6	7	8	9	0

Die Stellung und der Werth ist wie bei unsern Ziffern, die daraus entstanden sind, also umgekehrt wie bei den Zahlbuchstaben, z. B. ١٨٥٩ (1859).

Arabische Ligaturen.

بجـ ـبجـ بج	**Be-Dschim**	ثخـ	**Tse-Cha**
بحـ ـبحـ بح	**Be-Hha**	ججـ	**Dschim-Dschim**
بحجـ	**Be-Hha-Dschim**	جحـ	**Dschim-Hha**
بخـ ـبخـ بخ	**Be-Cha**	حجـ ـحجـ حج	**Hha-Dschim**
تجـ ـتجـ تج	**Te-Dschim**	حججـ	**Hha-Dschim-Dschim**
تحـ ـتحـ تح	**Te-Hha**	حجحـ	**Hha-Dschim-Hha**
تخـ ـتخـ تخ	**Te-Cha**	ححـ ـححـ حح	**Hha-Hha**
ثحـ	**Tse-Hha**	ححجـ	**Hha-Hha-Dschim**

Arabische Ligaturen.

Ligatur	Name
حخـ حخ	Hha-Cha
خجـ خج	Cha-Dschim
خحـ خح	Cha-Hha
سجـ ـسجـ ـسج سج	Sin-Dschim
سحـ ـسحـ ـسح سح	Sin-Hha
سخـ ـسخـ ـسخ سخ	Sin-Cha
شجـ ـشجـ ـشج شج	Schin-Dschim
شحـ ـشحـ ـشح شح	Schin-Hha
شخـ شخ	Schin-Cha
صجـ ـصجـ ـصج صج	Ssad-Dschim
صحـ ـصحـ ـصح صح	Ssad-Hha
صخـ ـصخـ ـصخ صخ	Ssad-Cha
ضجـ	Dhad-Dschim
ضحـ ـضحـ	Dhad-Hha
طحـ ـطحـ	Tha-Hha
عجـ ـعجـ	Ain-Dschim
عحـ ـعحـ	Ain-Hha
غجـ ـغجـ	Ghain-Dschim
غحـ ـغحـ	Ghaïn-Hha
فجـ ـفجـ ـفج فج	Fe-Dschim
فحـ ـفحـ ـفح فح	Fe-Hha
فخـ ـفخـ ـفخ فخ	Fe-Cha
في	Fe-Je
قج ـقج	Kaf-Dschim
قح ـقح	Kaf-Hha
قخ ـقخ	Kaf-Cha
كا ـكا	Kef-Elif
كجـ ـكجـ كج	Kef-Dschim
كحـ ـكحـ كح	Kef-Hha
كخـ ـكخـ كخ	Kef-Cha
ـلا لا	Lam-Elif
لجـ ـلجـ لج ـلج	Lam-Dschim
لجح	Lam-Dschim-Hha
لحـ ـلحـ لح ـلح	Lam-Hha
لحجـ لحج	Lam-Hha-Dschim
لححـ لحح	Lam-Hha-Hha
لخـ ـلخـ لخ ـلخ	Lam-Cha
لخج	Lam-Cha-Dschim
لمحجـ	Lam-Mim-Hha-Dschim
لمححـ	Lam-Mim-Hha-Hha
لي ـلي	Lam-Je
مجـ ـمجـ مج	Mim-Dschim
محـ ـمحـ مح	Mim-Hha
محجـ	Mim-Hha-Dschim
مححـ	Mim-Hha-Hha
مخـ ـمخـ مخ	Mim-Cha
نجـ ـنجـ نج	Nun-Dschim
نحـ ـنحـ نح ـنح	Nun-Hha
نخـ ـنخـ	Nun-Cha
هجـ ـهجـ	He-Dschim
هحـ ـهحـ	He-Hha
هخـ ـهخـ	He-Cha
هم	He-Mim
يجـ ـيجـ يج ـيج	Je-Dschim
يجحـ	Je-Dschim-Hha
يحـ ـيحـ يح ـيح	Je-Hha
يححـ	Je-Hha-Hha
يخـ ـيخـ	Je-Cha

Aethiopisch.

Geschnitten im Auftrage der Deutschen Morgenländischen Gesellschaft bei F. A. Brockhaus in Leipzig.

Mit a		Mit û		Mit î		Mit â		Mit ê		Mit e		Mit ô	
ሀ	ha	ሁ	hû	ሂ	hî	ሃ	hâ	ሄ	hê	ህ	he	ሆ	hô
ለ	la	ሉ	lû	ሊ	lî	ላ	lâ	ሌ	lê	ል	le	ሎ	lô
ሐ	ḥa	ሑ	ḥû	ሒ	ḥî	ሓ	ḥâ	ሔ	ḥê	ሕ	ḥe	ሖ	ḥô
መ	ma	ሙ	mû	ሚ	mî	ማ	mâ	ሜ	mê	ም	me	ሞ	mô
ሠ	śa	ሡ	śû	ሢ	śî	ሣ	śâ	ሤ	śê	ሥ	śe	ሦ	śô
ረ	ra	ሩ	rû	ሪ	rî	ራ	râ	ሬ	rê	ር	re	ሮ	rô
ሰ	sa	ሱ	sû	ሲ	sî	ሳ	sâ	ሴ	sê	ስ	se	ሶ	sô
ቀ	qa	ቁ	qû	ቂ	qî	ቃ	qâ	ቄ	qê	ቅ	qe	ቆ	qô
በ	ba	ቡ	bû	ቢ	bî	ባ	bâ	ቤ	bê	ብ	be	ቦ	bô
ተ	ta	ቱ	tû	ቲ	tî	ታ	tâ	ቴ	tê	ት	te	ቶ	tô
ኀ	h̤a	ኁ	h̤û	ኂ	h̤î	ኃ	h̤â	ኄ	h̤ê	ኅ	h̤e	ኆ	h̤ô
ነ	na	ኑ	nû	ኒ	nî	ና	nâ	ኔ	nê	ን	ne	ኖ	nô
አ	-a	ኡ	-û	ኢ	-î	ኣ	-â	ኤ	-ê	እ	-e	ኦ	-ô
ከ	ka	ኩ	kû	ኪ	kî	ካ	kâ	ኬ	kê	ክ	ke	ኮ	kô
ወ	wa	ዉ	wû	ዊ	wî	ዋ	wâ	ዌ	wê	ው	we	ዎ	wô
ዐ	ʿa	ዑ	ʿû	ዒ	ʿî	ዓ	â	ዔ	ʿê	ዕ	ʿe	ዖ	ʿô
ዘ	za	ዙ	zû	ዚ	zî	ዛ	zâ	ዜ	zê	ዝ	ze	ዞ	zô
የ	ya	ዩ	yû	ዪ	yî	ያ	yâ	ዬ	yê	ይ	ye	ዮ	yô
ደ	da	ዱ	dû	ዲ	dî	ዳ	dâ	ዴ	dê	ድ	de	ዶ	dô
ገ	ga	ጉ	gû	ጊ	gî	ጋ	gâ	ጌ	gê	ግ	ge	ጎ	gô
ጠ	ṭa	ጡ	ṭû	ጢ	ṭî	ጣ	ṭâ	ጤ	ṭê	ጥ	ṭe	ጦ	ṭô
ጰ	p̣a	ጱ	p̣û	ጲ	p̣î	ጳ	p̣â	ጴ	p̣ê	ጵ	p̣e	ጶ	p̣ô
ጸ	ẓa	ጹ	ẓû	ጺ	ẓî	ጻ	ẓâ	ጼ	ẓê	ጽ	ẓe	ጾ	ẓô
ፀ	ẓa	ፁ	ẓû	ፂ	ẓî	ፃ	ẓâ	ፄ	ẓê	ፅ	ẓe	ፆ	ẓô
ፈ	fa	ፉ	fû	ፊ	fî	ፋ	fâ	ፌ	fê	ፍ	fe	ፎ	fô
ፐ	pa	ፑ	pû	ፒ	pî	ፓ	pâ	ፔ	pê	ፕ	pe	ፖ	pô

Diphthonge.

ኰ	kua	ኲ	kuî	ኵ	kue	ኳ	kuâ	ኴ	kuê
ጐ	gua	ጒ	guî	ጕ	gue	ጓ	guâ	ጔ	guê
ቈ	qua	ቊ	quî	ቍ	que	ቋ	quâ	ቌ	quê
ኈ	h̤ua	ኊ	h̤uî	ኍ	h̤ue	ኋ	h̤uâ	ኌ	h̤uê

Interpunktionen.

፡ Worttrenner ፣ Komma ፤ Semikolon ። Punkt

Zahlzeichen.

፩	፪	፫	፬	፭	፮	፯	፰	፱	፲	፲፩	፳	፴	፵	፶	፷	፸	፹	፺	፻	፪፻	፲፻	፻፻	፲፻፻	፻፻፻
1	2	3	4	5	6	7	8	9	10	11 etc.	20	30	40	50	60	70	80	90	100	200 etc.	1000	10,000	100,000	1,000,000

Aethiopisch und Amharisch.

Benennung	Figur														Bedeutung
	mit a		mit û		mit î		mit â		mit ê		mit e		mit ô		
Hoi	ሀ	ha	ሁ	hu	ሂ	hi	ሃ	ha	ሄ	he	ህ	he	ሆ	ho	h
Lawi	ለ	la	ሉ	lu	ሊ	li	ላ	la	ሌ	le	ል	le	ሎ	lo	l
Haut	ሐ	ha	ሑ	hu	ሒ	hi	ሓ	ha	ሔ	he	ሕ	he	ሖ	ho	h
Mai	መ	ma	ሙ	mu	ሚ	mi	ማ	ma	ሜ	me	ም	me	ሞ	mo	m
Saut	ሠ	sa	ሡ	su	ሢ	si	ሣ	sa	ሤ	se	ሥ	se	ሦ	so	s
Res	ረ	ra	ሩ	ru	ሪ	ri	ራ	ra	ሬ	re	ር	re	ሮ	ro	r
Sat	ሰ	sa	ሱ	su	ሲ	si	ሳ	sa	ሴ	se	ስ	se	ሶ	so	s
* Schaat	ሸ	scha	ሹ	schu	ሺ	schi	ሻ	scha	ሼ	sche	ሽ	sche	ሾ	scho	sch
Kaf	ቀ	ka	ቁ	ku	ቂ	ki	ቃ	ka	ቄ	ke	ቅ	ke	ቆ	ko	k
Beth	በ	ba	ቡ	bu	ቢ	bi	ባ	ba	ቤ	be	ብ	be	ቦ	bo	b
Thawi	ተ	tha	ቱ	thu	ቲ	thi	ታ	tha	ቴ	the	ት	the	ቶ	tho	th
* Tjawi	ቸ	tja	ቹ	tju	ቺ	tji	ቻ	tja	ቼ	tje	ች	tje	ቾ	tjo	tj
Harm	ኀ	cha	ኁ	chu	ኂ	chi	ኃ	cha	ኄ	che	ኅ	che	ኆ	cho	ch
Nahas	ነ	na	ኑ	nu	ኒ	ni	ና	na	ኔ	ne	ን	ne	ኖ	no	n
* Gnahas	ኘ	gna	ኙ	gnu	ኚ	gni	ኛ	gna	ኜ	gne	ኝ	gne	ኞ	gno	ng
Alph	አ	a	ኡ	u	ኢ	i	ኣ	a	ኤ	e	እ	e	ኦ	o	a
Kaf	ከ	ka	ኩ	ku	ኪ	ki	ካ	ka	ኬ	ke	ክ	ke	ኮ	ko	k
* Chaf	ኸ	cha	ኹ	chu	ኺ	chi	ኻ	cha	ኼ	che	ኽ	che	ኾ	cho	ch
Wawe	ወ	wa	ዉ	wu	ዊ	wi	ዋ	wa	ዌ	we	ው	we	ዎ	wo	w
Ain	ዐ	a	ዑ	u	ዒ	i	ዓ	a	ዔ	e	ዕ	e	ዖ	o	ע
Zai	ዘ	za	ዙ	zu	ዚ	zi	ዛ	za	ዜ	ze	ዝ	ze	ዞ	zo	z
* Jai	ዠ	ja	ዡ	ju	ዢ	ji	ዣ	ja	ዤ	je	ዥ	je	ዦ	jo	j fr.
Jaman	የ	ja	ዩ	ju	ዪ	ji	ያ	ja	ዬ	je	ይ	je	ዮ	jo	j
Dent	ደ	da	ዱ	du	ዲ	di	ዳ	da	ዴ	de	ድ	de	ዶ	do	d
* Djent	ጀ	dja	ጁ	dju	ጂ	dji	ጃ	dja	ጄ	dje	ጅ	dje	ጆ	djo	dj
Geml	ገ	ga	ጉ	gu	ጊ	gi	ጋ	ga	ጌ	ge	ግ	ge	ጎ	go	g
Tait	ጠ	ta	ጡ	tu	ጢ	ti	ጣ	ta	ጤ	te	ጥ	te	ጦ	to	t
* Tschait	ጨ	tscha	ጩ	tschu	ጪ	tschi	ጫ	tscha	ጬ	tsche	ጭ	tsche	ጮ	tscho	tsch
Pait	ጰ	pa	ጱ	pu	ጲ	pi	ጳ	pa	ጴ	pe	ጵ	pe	ጶ	po	p
Tzadai	ጸ	tza	ጹ	tzu	ጺ	tzi	ጻ	tza	ጼ	tze	ጽ	tze	ጾ	tzo	tz
Zappa	ፀ	za	ፁ	zu	ፂ	zi	ፃ	za	ፄ	ze	ፅ	ze	ፆ	zo	z
Af	ፈ	fa	ፉ	fu	ፊ	fi	ፋ	fa	ፌ	fe	ፍ	fe	ፎ	fo	f
Psa	ፐ	pa	ፑ	pu	ፒ	pi	ፓ	pa	ፔ	pe	ፕ	pe	ፖ	po	p

Diphthonge.

ቈ	kua	ቊ	kui	ቋ	kua	ቌ	kue	ቍ	kue
ኈ	hua	ኊ	hui	ኋ	hua	ኌ	hue	ኍ	hue
ኰ	kua	ኲ	kui	ኳ	kua	ኴ	kue	ኵ	kue
ጐ	gua	ጒ	gui	ጓ	gua	ጔ	gue	ጕ	gue

Bemerkung.

Das Aethiopische und Amharische wird von der Linken zur Rechten gelesen und die Wörter durch ፡ getrennt. — Beide Sprachen haben Ein syllabarisches Alphabet, jedoch hat das Amharische sieben Charaktere mehr, welche hier durch * bezeichnet sind.

Türkisch.

Die türkische Sprache besteht aus der tartarischen, persischen und arabischen Sprache. Die hohe Mundart, welche in Konstantinopel von den Vornehmsten allein gesprochen wird, ist aus persischen und arabischen Wörtern zusammengesetzt, auch ist sie die Schriftsprache und wird, wie die meisten morgenländischen Sprachen, von der Rechten zur Linken geschrieben und gelesen.

Ziffern u. Zahlwerth der Buchstaben, sowie die Buchstaben mit Anschluss, sind wie beim arabischen Alphabet (s. d.).

ا **Elif** nimmt die Stelle der deutschen Selbstlaute a, y, o, u bei harten, und e, i, ö, ü bei weichen Buchstaben ein. Folgt nach dem Elif ein harter Buchstabe, so wird das (َ) Üstün wie a, (ِ) Esre wie y, und (ُ) Ötürü wie o oder u ausgesprochen. Folgt dem Elif aber ein weicher Buchstabe, so lese man das (َ) Üstün wie e, (ِ) Esre wie i, und (ُ) Ötürü wie ö oder ü. In der Mitte und am Ende der Wörter (ohne Hamzelif) wird es immer als a, mit einem Hamzelif wie ee gelesen.

ب **Be** ist das deutsche b. Nach Te, Se, Dschim, Chy, Sin, Schyn, Sad, Thy, Kaf, Gef wird es oft als p gelesen.

پ **Pe** ist das deutsche p.

ت **Te** wie t. Bei der Conjugation einiger Zeitwörter wird es in Dal verwandelt.

ث **Se** ist das deutsche s oder ss, mit Ausnahme in dem Worte ثلث tült. Die Araber lesen es wie th.

ج **Dschim**, das g der Italiener vor e oder i. In Verbindung mit den bei Be angeführten Mitlautern aber wird es wie Tschim gelesen.

چ **Tschim** wie tsch in deutsch oder sch in Mensch.

ح **Ha** wie h in haben.

خ **Chy**, das ch in ich, brauchen.

د **Dal** wie d. Bei den bei Be angeführten Buchstaben wird es als t gelesen.

ذ **Zal** wie ds.

ر **Ry** wie r.

ز **Ze** wie das französische z.

س **Sin** gleich dem s, ss.

ش **Schyn** dem sch gleich.

ص **Sad** ein scharfes ss.

ض **Dad**, wie das französische z; die Araber lesen es wie d.

ط **Thy** wie t oder th, wird oft mit Te und Dal verwechselt.

ظ **Zy** wie das französische z.

ع **Ajn** wie ein tief aus der Kehle und durch die Nase hervorgeholtes a, y, u.

غ **Ghajn** wie g durch die Kehle.

ف **Fe** wie das deutsche f.

ق **Kaf** wie k, kh oder ck.

ك **Kief**, ist ein q oder k, wie bei den französischen Wörtern qui, quel.

ك **Gef** entspricht dem deutschen g; in mehreren Fällen wird es ganz fein wie gi ausgesprochen, in der Mitte der Wörter und bei den Endungen wie j.

ڭ **Saghyr Nun**, d. i. stummes Nun, wird wie das n- im Französischen bei mon, son ausgesprochen.

ل **Liam** unser l, wird auf zweierlei Art gelesen, sehr gelind, wie in Lied, und sehr hart, wie im Worte halt.

م **Mim**, wie m.

ن **Nun** unser n, wenn aber ein Be folgt, liest man es wie m.

و **Waw** das deutsche w; mit einem Ötürü lese man es bei harten Buchstaben wie u, bei weichen Buchstaben wie ü und ö.

ه **He** wie das deutsche h; am Ende der Wörter wird es meistens wie a oder e ausgesprochen.

لا **Liamelif**, la oder lia (Ligatur).

ي **Je** als Mitlaut wie j und als Selbstlaut wie i, als letzterer kommt er blos in der Mitte oder am Ende der Wörter vor.

Lesezeichen.

َ **Üstün**, steht auf den Mitlautern über der Zeile, bezeichnet bei harten Buchstaben ein a, bei weichen ein e.

ِ **Esre**, steht unter der Zeile und bezeichnet bei harten Buchstaben ein y, bei weichen ein i.

ُ **Ötürü** wird bei harten Buchstaben wie o, u, bei weichen wie ö, ü gelesen.

ً **Iki üstün** (doppeltes Üstün) wie en.

ٍ **Iki esre** (doppeltes Esre) wie in.

ٌ **Iki ötürü** (doppeltes Ötürü) wie on und un.

Die drei letzteren Zeichen sind nur bei den arabischen Wörtern üblich.

ْ **Dschezm** (Ruhezeichen), kommt über jene Mitlaute zu stehen, zwischen welchen kein Selbstlaut gehört werden darf.

ّ **Teschdid** oder **Schedde**, verdoppelt diejenigen Buchstaben, über welche es gesetzt wird.

~ **Meddelif** oder **Medde** kommt blos auf Elif zu stehen, welches dann immer wie a gelesen wird.

ء **Hamzelif** oder **Hamze**; steht dasselbe auf Elif, so wird es wie ee gelesen, auf Waw wie ü und auf Je wie i; am Ende der Wörter, die mit einem Selbstlaute endigen, wird es wie i gelesen.

Persisch.

Benennung	Figur: volle Gestalt	Figur: n. rechts verbunden	Figur: n. beiden Seiten verbunden	Figur: n. links verbunden	Bedeutung	Zahlwerth
Alef	ا	ﺎ	. .	. .	Spiritus lenis	1
Be	ب	ﺐ	ﺒ	ﺑ	b	2
Pe	پ	ﭗ	ﭙ	ﭘ	p	. . .
Te	ت	ﺖ	ﺘ	ﺗ	t weich	400
Se	ث	ﺚ	ﺜ	ﺛ	s scharf	500
Dsche	ج	ﺞ	ﺠ	ﺟ	dsch	3
Tsche	چ	ﭻ	ﭽ	ﭼ	tsch	. . .
He	ح	ﺢ	ﺤ	ﺣ	h scharf	8
Che	خ	ﺦ	ﺨ	ﺧ	ch guttur.	600
Dal	د	ﺪ	. .	. .	d	4
Zal	ذ	ﺬ	. .	. .	s weich	700
Re	ر	ﺮ	. .	. .	r	200
Ze	ز	ﺰ	. .	. .	s weich	7
Dsche	ژ	ﮋ	. .	. .	j franz.	. . .
Sin	س	ﺲ	ﺴ	ﺳ	s scharf	60
Schin	ش	ﺶ	ﺸ	ﺷ	sch	300
Sad	ص	ﺺ	ﺼ	ﺻ	s scharf	90
Zad	ض	ﺾ	ﻀ	ﺿ	s weich	800
Ta	ط	ﻂ	ﻄ	ﻃ	t	9
Za	ظ	ﻆ	ﻈ	ﻇ	s weich	900
Ain	ع	ﻊ	ﻌ	ﻋ	Spiritus lenis	70
Gain	غ	ﻎ	ﻐ	ﻏ	g guttur.	1000
Fe	ف	ﻒ	ﻔ	ﻓ	f	80
Ckaf	ق	ﻖ	ﻘ	ﻗ	k guttur.	100
Kaf	ك	ﻚ	ﻜ ﮑ	ﻛ ﮐ	k	20
Gaf	گ	ﮓ	ﮕ ﮕ	ﮔ ﮔ	g palatal	. . .
Lam	ل	ﻞ	ﻠ	ﻟ	l	30
Mim	م	ﻢ	ﻤ	ﻣ	m	40
Nun	ن	ﻦ	ﻨ	ﻧ	n	50
Waw	و	ﻮ	. .	.	w	6
He	ه	ﻪ	ﻬ	ﻫ	h	5
Je	ی	ﯽ	ﯿ	ﯾ	j	10

Bemerkungen

In Folge der Einführung vieler arabischer Wörter in die persische Sprache besteht jetzt das persische Alphabet aus 32 Buchstaben, die von der Rechten zur Linken geschrieben und gelesen werden; hiervon gehören den Persern und Arabern 28 gemeinschaftlich an, und nur folgende vier sind blos persisch:

گ ژ چ پ

Vokale.

Die Buchstaben des persischen Alphabets sind sämmtlich Consonanten, mit Ausnahme von Alef, Waw, Je, welche auch als lange Vokale dienen (das Waw wird auch noch als kurzer Vokal gebraucht):

ا a و u ی i

Die kurzen Vokale werden durch folgende drei Zeichen ausgedrückt:

َ Zabar, a ِ Zir, e ُ Pisch, u

Lesezeichen.

ء Hamza, vertritt zuweilen am Ende der Wörter die Stelle des Alef, ferner steht es über dem Alef in der Mitte eines Wortes, wenn dieses ein Consonant ist.

ّ Taschdid. Um zu vermeiden, einen Buchstaben zweimal neben einander zu setzen, wird dieses Zeichen über den zu verdoppelnden Buchstaben gesetzt, mit Ausnahme bei zwei Alef, wo dann das Zeichen

ٓ Madda gebraucht wird; dies ist eigentlich das zweite über das andere horizontal gesetzte Alef. Zuweilen wird es auch senkrecht über dasselbe geschrieben.

ْ Dschazm, steht öfters über einem Consonanten und zeigt an, dass die Sylbe damit endigt. Ebenso über Waw und Je, wenn sie mit einem vorhergehenden a einen Diphthong bilden.

Zahlzeichen, Ziffern.

Ausser den Zahlbuchstaben brauchen die Perser dieselben Ziffern wie die Araber (s. d.).

Ligatur.

ﻻ ﻼ Lam-Alef, la.

Afghanisch oder Pushto.

Figur unverbunden	Figur in der Mitte	Figur zu Anfang	Bedeutung	Figur unverbunden	Figur in der Mitte	Figur zu Anfang	Bedeutung
ا	ا ﺎ	ا	a, á, i, u	ش	ﺸ	ﺷ	sh
ب	ﺒ	ﺑ	b	ښ	ښ ﺒښ	ښ	khin
پ	ﭙ	ﭘ	p	ص	ﺼ	ﺻ	ss
ت	ﺘ	ﺗ	t	ض	ﻀ	ﺿ	dz
ټ	ټ	ټ	ṭṭ	ط	ﻄ	ﻃ	t
ث	ﺜ	ﺛ	t's	ظ	ﻈ	ﻇ	z
ځ	ځ	ځ	t's	ع	ﻌ	ﻋ	æ, or, à
ج	ﺠ	ﺟ	j	غ	ﻐ	ﻏ	gh
چ	ﭽ	ﭼ	ch	ف	ﻔ	ﻓ	f
ح	ﺤ	ﺣ	h	ق	ﻘ	ﻗ	k, q
خ	ﺨ	ﺧ	kh	ک	ﻜ ﮑ	ﻛ ﮐ	k
د	ﺪ	د	d	گ	ﮕ گ	ﮔ	g
ډ	ډ	ډ	ḍḍ	ل	ﻠ	ﻟ	l
ذ	ﺬ	ذ	z	م	ﻤ	ﻣ	m
ر	ﺮ	ر	r	ن	ﻨ	ﻧ	n
ړ	ړ	ړ	ṛṛ	ڼ	ڼ ڼ	ڼ	ṛṛn
ز	ﺰ	ز	z	و	ﻮ	و	w ú o
څ	څ	څ	dz	ه ﻫ	ﻬ	ﻫ	h
ژ ږ	ژ ږ	ژ ږ	jz	ة	ﺔ	ة	a
س	ﺴ	ﺳ	s	ي	ﻴ	ﻳ	y, e, í, ai

Bemerkungen.

Das ursprüngliche Pushto-Alphabet bestand vor Einführung der arabischen Wörter nur aus 29 verschiedenen Lauten; gegenwärtig benutzen die Afghanen jedoch auch die 28 arabischen Buchstaben, sowie die 4 von den Persern angenommenen پ چ ژ und گ, was zusammen eine Zahl von 40 verschiedenen Charakteren (sämmtlich Consonanten) ergibt.

Die Vokale in der Pushto-Sprache sind dieselben wie im Arabischen und Persischen: ـَ *Zabar* od. *Fatha* a, ـِ *Zer* od. *Kasrah* e, ـُ *Pesch* oder *Zammah* u.

Stehen die Vokale über oder unter den Consonanten, so fängt der Consonant immer die Sylbe an wie: بَ *ba* بِ *bi* بُ *bu*. Folgt auf *Zabar* ـَ ein و so entsteht der Diphthong *au*, folgt ein ي der Diphthong *ai*.

ـْ oder ـٔ *Dschesm* oder *Dschesmah* zeigt an, dass der Consonant ruht und die Sylbe daselbst endigt.

ـٓ *Meddah* oder *Medd* ist eine andere Form für Alif und dient zur Dehnung der Sylbe.

ـّ *Teschdid* zeigt die Verdoppelung eines Consonanten an.

ـٱ *Wesla*, Verbindungszeichen.

ء *Hamzah*, ist eine andere Form des Alif.

ـً ـٍ ـٌ *Tanwin* ist die arabische Nunnation, die zu den Wörtern am Ende den Laut *an*, *in*, *yn* hinzufügt.

Koptisch.

Figur		Benennung	Bedeutung
Ⲁ	ⲁ	Alpha	a
Ⲃ	ⲃ	Vida	b v
Ⲅ	ⲅ	Gamma	g
Ⲇ	ⲇ	Dalda	d
Ⲉ	ⲉ	Ei	e
Ⲍ	ⲍ	Zida	z
Ⲏ	ⲏ	Hida	i
Ⲑ	ⲑ	Thida	th
Ⲓ	ⲓ	Jauda	i
Ⲕ	ⲕ	Kabba	k
Ⲗ	ⲗ	Laula	l
Ⲙ	ⲙ	Mi	m
Ⲛ	ⲛ	Ni	n
Ⲝ	ⲝ	Exi	x
Ⲟ	ⲟ	O	o kurz
Ⲡ	ⲡ	Pi	p b
Ⲣ	ⲣ	Ro	r
Ⲥ	ⲥ	Sima	s
Ⲧ	ⲧ	Dau	t d.
Ⲩ	ⲩ	He	i y ü
Ⲫ	ⲫ	Phi	ph
Ⲭ	ⲭ	Chi	ch sc
Ⲯ	ⲯ	Ebsi	ps
Ⲱ	ⲱ	O	o lang
Ϥ	ϥ	Fei	f ph
Ϩ	ϩ	Hori	h
Ϧ	ϧ	Chei	kh
Ϣ	ϣ	Scei	sch
Ϫ	ϫ	Giangia	g dsch
Ϭ	ϭ	Scima	sk sc gh
Ϯ	ϯ	Dei Ligatur	ti
Ϛ	ϛ	So	Ziffer 6

Bemerkungen

Die koptische Sprache theilt sich in zwei Dialekte, den oberägyptischen oder thebanischen oder auch sahidischen, und den unterägyptischen oder memphitischen, auch vorzugsweise der koptische genannt, denen sich noch ein dritter, der baschmurische, anschliesst. Die Buchstaben ⲁ — ⲱ im koptischen Alphabet sind griechischen Ursprungs; ϥ — ϭ dagegen bezeichnen Laute, welche die griechische Sprache entweder gar nicht besass, oder welche man seit der christlichen Aera nicht mehr durch die Schrift auszudrücken pflegte, und die aus der ältern ägyptischen Schrift herübergenommen sind. Das Zeichen ϯ drückt eine Sylbe aus; das Prototyp dieses Zeichens ist die Form des semitischen und griechischen Tau.

Die Vokale sind:

ⲁ ⲉ ⲓ ⲟ

unser u wird, wie im Griechischen, mit ⲟⲩ ausgedrückt, welches vor einem Consonanten wie u, vor einem Vokal aber wie w lautet. Die Diphthonge im Koptischen sind:

ⲁⲓ ⲉⲓ ⲟⲓ

welche jedoch im sahidischen Dialekte blos wie e, i, i lauten, im memphitischen aber wie unser deutsches ai, ei, oi.

Lesezeichen und Interpunktionen.

` über den Buchstaben: Gravis der Griechen.

` hinter den Wörtern in sahidischen Handschriften: Wortabtheiler.

·ⲓ· ist das Zeichen des grössern Ruhepunktes: Semikolon oder Punkt.

: entspricht, als kleinerer Ruhepunkt, dem Komma.

- Theilungszeichen.

‒ Abbreviationszeichen über den Buchstaben.

⌒ über einigen Buchstaben in sahidischen Handschriften: ein von den Schreibern gebrauchtes graphisches Zeichen.

· hinter einigen Wörtern in sahidischen Handschriften: Lesezeichen.

, Komma, kommt nur in den spätern sahidischen Codices vor.

· über einzelnen Buchstaben in memphitischen Texten: Bezeichnung der koptischen Rechtschreibung.

Zahlwerth.

Der Zahlwerth der Buchstaben im Koptischen ist ganz derselbe wie im Griechischen. Das Zahlzeichen ist ein — über dem Buchstaben; bei den Tausenden aber ein , unten am Buchstaben. ϥ (90) vertritt die Stelle des ϟ (Κόππα).

Chinesisch.

Die Zahl der chinesischen Schriftzeichen reicht an 50,000. Von diesen ist wenigstens der vierte Theil ausser Gebrauch: von den übrigen findet mehr als die Hälfte eine höchst beschränkte Anwendung oder muss zu den Varianten, den fehlerhaften oder veralteten Charakteren gerechnet werden. — Nach mehrfachen Versuchen haben die Chinesen untenstehende 214 Schriftzeichen als Grundlage der lexikalischen Anordnung festgesetzt, die nach der Anzahl der graphischen Elemente (Striche), aus denen sie zusammengesetzt sind, in siebzehn Abtheilungen geordnet, als Classenhäupter *(pù-sheù)* oder wie man sie in Europa minder geeignet genannt hat, als Wurzel- oder Schlüsselzeichen, dem Heere der Schriftzeichen vorstehen. Es gehören hiernach zur

1. Abtheilung	mit	1 Strich	Figur	1—6	10. Abtheilung	mit	10 Strichen	Fig.	187—194
2.	»	» 2	»	» 7—29	11.	»	» 11	»	» 195—200
3.	»	» 3	»	» 30—60	12.	»	» 12	»	» 201—204
4.	»	» 4	»	» 61—94	13.	»	» 13	»	» 205—208
5.	»	» 5	»	» 95—117	14.	»	» 14	»	» 209—210
6.	»	» 6	»	» 118—146	15.	»	» 15	»	» 211
7.	»	» 7	»	» 147—166	16.	»	» 16	»	» 212—213
8.	»	» 8	»	» 167—175	17.	»	» 17	»	» 214
9.	»	» 9	»	» 176—186					

1 一 *ʻī*, Eins
2 丨 *kuèn*
3 丶 *tćù*, Punkt
4 丿 *pʻiè*
5 乙 *'ī*, gekrümmt
6 亅 *kʻiuè*, Haken
7 二 *eúl*, zwei
8 亠 *tʻeu*
9 人 *ǵin*, Mensch
10 儿 *ǵĭn*, Mensch
11 入 *ǵĭ*, eingehen
12 八 *pă*, acht
13 冂 *kʻiung*, öde
14 冖 *mì*
15 冫 *ping*, Eis
16 几 *kʻi*, Bank
17 凵 *kʻàn*, Hülle
18 刀 *tao*, Messer
19 力 *lĭ*, Kraft
20 勹 *pao*, einhüllen
21 匕 *pi*, Löffel
22 匚 *fang*, Kiste
23 匸 *hì*, verstecken
24 十 *shi*, zehn
25 卜 *pŭ*, Loose
26 卩 *tsiè*, ordnen
27 厂 *hán*, Höhle
28 厶 *sse*, schlecht, verdorben
29 又 *ýeù*, desgleichen, noch einmal
30 口 *kʻeù*, Mund
31 囗 *vvei*, Hürde
32 土 *tʻù*, Erde
33 士 *ssé*, Gelehrter
34 夂 *ćì*, folgen
35 夊 *sûi*, schreiten
36 夕 *sĭ*, Finsterniss, Nacht
37 大 *tá*, gross
38 女 *niù*, Weib
39 子 *tsè*, Sohn, Kind
40 宀 *mian*, Dach
41 寸 *tsʻún*, der 10. Theil eines Maasses
42 小 *siào*, klein
43 尢 *wang*, verdreht
44 尸 *shi*, Leiche
45 屮 *ćʻè*, keimen
46 山 *shan*, Berg
47 巛 *tćŭan*, fliessendes Wasser
48 工 *kung*, Künstler, Handwerker

49 己 *kì*, ich selbst
50 巾 *kin*, Wäsche, Mütze
51 干 *kan*, Schild
52 幺 *'iao*, klein
53 广 *ìan*, Dach
54 廴 *'ien*, führen
55 廾 *kung*, grüssen
56 弋 *'ĭ*, schiessen
57 弓 *kung*, Bogen
58 彐 *ki*, Schweinskopf
59 彡 *san*, Haare
60 彳 *tc'ĭ*, Schritt, Gang
61 心 *sin*, Herz.
62 戈 *ko*, Lanze
63 戶 *hù*, Thüre
64 手 *sheù*, Hand
65 支 *tći*, Ast
66 攴 *p'ŭ*, schlagen
67 文 *wen*, Zierath, Schrift
68 斗 *teù*, Metzen
69 斤 *kin*, Gewicht, Pfund
70 方 *fang*, Ort, Viereck
71 无 *wu*, nein, nicht
72 日 *ğĭ*, Sonne
73 曰 *yuĕ*, sagen
74 月 *'iuĕ*, Mond
75 木 *mŭ*, Baum, Holz
76 欠 *k'iàn*, mangeln
77 止 *tcì*, verweilen
78 歹 *'iă*, Knochen, Skelett
79 殳 *shu*, Stock
80 毋 *wu*, nicht
81 比 *pì*, vergleichen
82 毛 *mao*, Haupthaare, Haare
83 氏 *shi*, Familie, Geschlecht
84 气 *k'i*, Luft
85 水 *shùi*, Wasser
86 火 *kùo*, Feuer
87 爪 *tćaò*, Nägel
88 父 *fù*, Vater
89 爻 *hiao*, Zauberlinien
90 爿 *tc'uang*, Bett
91 片 *p'iàn*, Bret
92 牙 *'ia*, Vorderzähne
93 牛 *nieu*, Ochse
94 犬 *k'iuàn*, Hund
95 玄 *kiuan*, Himmel, himmelblau
96 玉 *'iŭ*, Jade, Edelstein
97 瓜 *kua*, Kürbiss
98 瓦 *wà*, Ziegel
99 甘 *kan*, süss
100 生 *seng*, entstehen
101 用 *yúng*, gebrauchen
102 田 *t'ian*, Ackerfeld
103 疋 *su*, Fuss
104 疒 *nĭ*, Krankheit
105 癶 *pŏ*, ausgespreizte Füsse
106 白 *pĕ*, weiss
107 皮 *p'i*, Haut
108 皿 *mìng*, Schlüssel
109 目 *mŭ*, Auge
110 矛 *meu*, Hellebarde
111 矢 *shì*, Pfeil
112 石 *shĭ*, Stein
113 示 *shi*, *k'i*, Eröffnen, Genius
114 禸 *g'eu*, Fusssohle
115 禾 *huo*, Getreide
116 穴 *hiuĕ*, Höhle
117 立 *ĭ*, aufrechtstehen
118 竹 *tcŭ*, Rohr
119 米 *mĭ*, Reis
120 糸 *mĭ*, Seide, Faden

121 缶 *feù*, Topf
122 网 *wàng*, Netz
123 羊 *ýang*, Schlaf
124 羽 *ýü*, Federn
125 老 *laò*, Greis
126 而 *eul*, und
127 耒 *lui*, Karst
128 耳 *eùl*, Ohr
129 聿 *ýü̆*, Pinsel
130 肉 *ğü̆*, Fleisch
131 臣 *tć̕in*, Unterthan
132 自 *tsé*, aus, von
133 至 *tći*, viel, erreichen
134 臼 *k̕ieù*, Mörser
135 舌 *shé*, Zunge
136 舛 *ć̕uan*, einander gegenüberliegen
137 舟 *tćeu*, Schiff
138 艮 *kén*, Grenze
139 色 *sĕ*, Farbe
140 艸 *tśaò*, Kraut, Pflanze
141 虍 *hu*, Tiger
142 虫 *hoeì*, Krokodil
143 血 *hiuĕ*, Blut
144 行 *hing*, Gang, Schritt

145 衣 *'i*, Kleid
146 襾 *'uă*, bedecken
147 見 *kiàn*, sehen
148 角 *kiŏ*, Horn
149 言 *'ian*, Rede
150 谷 *kŭ*, Thal
151 豆 *téu*, *teù*, Bohne, Holzgefäss
152 豕 *shì*, Schwein
153 豸 *ć̕ì*, Wurm
154 貝 *péi*, Muschel, Reichthum
155 赤 *tć̕i*, roth
156 走 *tseù*, laufen
157 足 *tsoŭ*, Fuss
158 身 *shin*, Körper
159 車 *kiu*, Wagen
160 辛 *sin*, scharf
161 辰 *tćin*, Stunde
162 辵 *ć̕ŏ*, gehen
163 邑 *'ĭ*, Stadt
164 酉 *ýeù*, Wein, Reif, Herbst
165 釆 *pián*, trennen
166 里 *lì*, Meile
167 金 *kin*, Gold, Metall
168 長 *ć̕ang*, lang

169 門 *men*, Thor
170 阜 *feù*, Erdhaufen
171 隶 *tái*, erreichen, ankommen
172 隹 *tćui*, Huhn, Federn
173 雨 *ýü*, Regen
174 青 *ts̕ing*, grün, blau
175 非 *fei*, nein, nicht
176 面 *mián*, Angesicht
177 革 *kĕ*, Balg
178 韋 *'vei*, Leder
179 韭 *kieù*, Lauch
180 音 *ýen*, Laut, Ton
181 頁 *hiĕ*, Haupt
182 風 *fung*, Wind
183 飛 *fei*, fliegen
184 食 *shi*, essen
185 首 *sheù*, Kopf
186 香 *hiang*, Wohlgeruch
187 馬 *mà*, Pferd
188 骨 *kŭ*, Knochen
189 高 *kao*, hoch
190 髟 *pieu*, Haare
191 鬥 *t̕eù*, kämpfen, streiten
192 鬯 *tć̕áng*, wohlriechendes Kraut

193 鬲 *li*, Dreifuss
194 鬼 *kouèi*, Dämon
195 魚 *'iu*, Fisch
196 鳥 *niào*, Vogel
197 鹵 *lù*, Salz
198 鹿 *lŭ*, Hirsch
199 麥 *mĕ*, Weizen
200 麻 *ma*, Hanf
201 黃 *hoang*, gelb
202 黍 *shù*, Hirse
203 黑 *hĕ*, schwarz
204 黹 *tči*, sticken, nähen
205 黽 *mìng*. Kröte
206 鼎 *ting*, Dreifuss
207 鼓 *kù*, Trommel
208 鼠 *shoù*. Ratte
209 鼻 *pi*, Nase
210 齊 *ts'i*, ordnen
211 齒 *tči*, Zähne
212 龍 *lung*, Drache
213 龜 *kuei*, Schildkröte
214 龠 *yŏ*, Flöte

Zahlzeichen.

Die Chinesen haben 15 Grundzahlen, durch deren Verbindung alle Zahlen ausgedrückt werden können und denen dreierlei Arten von Zeichen entsprechen. Die erste Art dieser Zeichen sind die am häufigsten und müssen zu den einfachen Schriftzeichen gerechnet werden. Die zweite Art der Zahlzeichen sind mehr oder minder zusammengesetzte Charaktere, die man unter den Schriftzeichen der mit den Zahlen gleichlautenden Wörtern ausgewählt hat, und deren man sich vorzugsweise dann bedient, wenn einer Verfälschung von Zahlen, welche die einfache Form der ursprünglichen Zahlzeichen leichter zulässt, vorgebeugt werden soll; ein Gebrauch, der mit unserer Sitte, die Zahlen unter gewissen Umständen nicht durch Ziffern darzustellen, sondern auszuschreiben, verglichen werden kann. Die dritte Art der Zahlzeichen sind Cursivformen, die nur im gemeinen Leben, in Handlungsbüchern und Rechnungen, seltener in gedruckten Büchern zur Zählung der Blätter Anwendung finden und als Ziffern angesehen werden können. Die Grundzahlwörter und die ihnen entsprechenden Zeichen sind:

一	壹	〡	*'Y*,	1
二	貳	〢	*eúl*,	2
三	叄	〣	*san*,	3
四	肆	〤	*ssé*.	4
五	伍	〥	*u*,	5
六	陸	〦	*lŭ*,	6
七	柒	〧	*ts'ĭ*,	7
八	捌	〨	*pă*,	8
九	玖	〩	*kieù*,	9
十	拾	十	*shĭ*,	10
百		百	*pĕ*.	100
千		千	*ts'ian*,	1000
萬		万	*wán*.	10,000
億		亿	*y*,	100,000
兆		兆	*tčáo*,	1,000,000
京			*king*,	10,000,000
垓			*kai*.	100,000,000

Durch diese Grundzahlen können alle mögliche Zahlen ausgedrückt werden, indem den Zahlen 10, 100, 1000 etc. ihre Multiplicatoren (oder die Einheit) vorgesetzt und die Additionszahl nachgesetzt wird, z. B.

十 *shĭ*. zehn: 二十 *eúl-shĭ*, zwei mal zehn = 20;
二十二 *eúl-shĭ-eúl*. zwei mal zehn und zwei = 22 etc.

Japanisch

in der Schriftform Kata-kana.

Geschnitten unter Aufsicht des Professor J. Hoffman in Leyden und gegossen von N. Tetterode in Rotterdam.

I-ro-fa (Abc).

25	ヰ	yi	1	イ	i
26	ノ	no	2	ロ	ro
27	オ	o	3	ハ	fa, va
28	ク	ku	4	ニ	ni
29	ヤ	ya	5	ホ	fo
30	マ	ma	6	ヘ	fe, ve
31	ケ	ke	7	ト	to
32	フ	fu	8	チ	tsi
33	コ	ko	9	リ	ri
34	エ	ye	10	ヌ	nu
35	テ	te	11	ル	ru
36	ア	a	12	ヲ	wo
37	サ	sa	13	ワ	wa
38	キ	ki	14	カ	ka
39	ユ	yu	15	ヨ	yo
40	メ	me	16	タ	da
41	ミ	mi	17	レ	re
42	シ	si	18	ソ	so
43	ヱ	e	19	ツ	tsu
44	ヒ	fi, vi	20	子	ne
45	モ	mo	21	ナ	na
46	セ	se	22	ラ	ra
47	ス。	su	23	ム	mu
			24	ウ	u

Das vollständige Japanische Alphabet

organisch geordnet.*

1	ア	a	25	セ	se	49	バ	ba
2	ワ	wa	26	ゼ	ze	50	パ	pa
3	ヱ	e	27	シ	si	51	ヘ	fe
4	イ	i	28	ジ	zi	52	ベ	be
5	オ	o	29	ソ	so	53	ペ	pe
6	ヲ	wo	30	ゾ	zo	54	ヒ	fi
7	ウ	u	31	ス	su	55	ビ	bi
8	ヤ	ya	32	ズ	zu	56	ピ	pi
9	エ	ye	33	タ	ta	57	ホ	fo
10	ヰ	yi	34	ダ	da	58	ボ	bo
11	ヨ	yo	35	テ	te	59	ポ	po
12	ユ	yu	36	デ	de	60	フ	fu
13	カ	ka	37	チ	tsi	61	ブ	bu
14	ガ	ga	38	ヂ	dsi	62	プ	pu
15	ケ	ke	39	ト	to	63	ナ	na
16	ゲ	ge	40	ド	do	64	子	ne
17	キ	ki	41	ツ	tsu	65	ニ	ni
18	ギ	gi	42	ヅ	dsu	66	ノ	no
19	コ	ko	43	マ	ma	67	ヌ	nu
20	ゴ	go	44	メ	me	68	ン	n
21	ク	ku	45	ミ	mi	69	ラ	ra
22	グ	gu	46	モ	mo	70	レ	re
23	サ	sa	47	ム	mu	71	リ	ri
24	ザ	za	48	ハ	fa	72	ロ	ro
						73	ル	ru

* Einige der Aulaute im Japanischen Syllabar werden durch zwei kleine rechts angebrachte Zeichen *(nigori)* erweicht, andere durch einen ebenfalls rechts hinzugefügten Punkt *(maru)* erhärtet. Durch die Anwendung dieser beiden Zeichen, sowie durch das vokallose *n*, steigt die Zahl der ursprünglichen 47 Buchstaben, oder vielmehr Sylben, auf 73. (Das *z* in der Umschreibung drückt das weiche französische *z* aus.)

Stenographische Zeichen.

ヿ koto. ヿ° goto. 〆 site. 玉 tama.

ヽ Zeichen der Wiederholung eines Buchstaben, steht auf der Mittellinie.

〱 Zeichen der Wiederholung zweier Sylben.

⌇ Zeichen der Dehnung eines Vokals.

。 Punkt. 、 Komma, steht nach rechts hin, ausserhalb der Mittellinie.

Sanskrit.

Consonanten.

Das Zeichen drückt stets den Consonanten mitsammt einem nachlautenden kurzen *a* aus.

Kehllaute.

क	ka
ख	kha
ग	ga
घ	gha
ङ	ṅa

Lippenlaute.

प	pa
फ	pha
ब	ba
भ	bha
म	ma

Gaumenlaute.

च	tscha
छ	tschha
ज	dscha
झ	dschha
ञ	ña

Halbvokale.

य	ja
र	ra
ल	la
व	va

Kopflaute.

ट	ṭa
ठ	ṭha
ड	ḍa
ढ	ḍha
ण	ṇa

Zischlaute und Hauchlaut.

श	scha
ष	schha
स	sa
ह	ha

Zahnlaute.

त	ta
थ	tha
द	da
ध	dha
न	na

ळ ł

bezeichnet unter gewissen Bedingungen einen Vertreter des weichen Kopflauts *ḍa*; steht er für diesen in seiner Zusammensetzung mit der Aspiration *dha*, so wird *ḻha* geschrieben.

Besondere Schriftzeichen.

् *Virâma* (Pause), hat eigentlich nur seine Stelle am Ende eines Satzes, und zwar wenn dieser auf einen vokallosen Consonanten schliesst, findet sich aber auch in den Handschriften innerhalb des Satzes.

। in der Prosa als Endzeichen eines Satzes; in der Poesie als Endzeichen einer halben Strophe. Am Ende eines grössern Absatzes oder einer ganzen Strophe wird dieses Zeichen verdoppelt ॥.

ऽ dient 1) als Trennungszeichen; 2) als Zeichen, dass hinter *e* oder *o* ein *a* eingebüsst ist, oder dass zwei *a* zusammengezogen sind.

र्‍ und ् Diese beiden Zeichen sind Stellvertreter des Consonanten *r*. Ersteres wird über den Consonanten und den Vokal *a* gesetzt, vor welchem, und letzteres unter den Consonanten, nach welchem es gelesen werden soll.

Vokale.

Die links stehenden Vokal-Formen werden nur gebraucht, wenn sie für sich allein eine Sylbe darstellen und kommen fast nur am Anfange der Wörter vor. — Die rechts stehenden, **speciellen Vokalzeichen** werden entweder über, unter, vor oder hinter den Consonanten gesetzt.

अ	a
आ	â
इ	i
ई	î
उ	u
ऊ	û
ऋ	ṛ
ॠ	ṝ
ऌ	ḷ
ॡ	ḹ

Specielle Vokalzeichen.

ा	â	dahinter
ि	i	davor
ी	î	dahinter
ु	u	darunter
ू	û	darunter
ृ	ṛ	darunter
ॄ	ṝ	darunter
ॢ	ḷ	darunter
ॣ	ḹ	darunter
े	e	darüber
ै	ai	darüber
ो	o	darüber u. ा dahinter
ौ	au	darüber u. ा dahinter

Dihpthonge.

ए	e
ऐ	ai
ओ	o
औ	au

Zwei Nasalirungen von Vokalen.

ं (ṁ) Anusvâra, ँ Anunâsika,

werden je nachdem über die Vokale und Consonanten gesetzt, letzteres in einigen Fällen auch dahinter mit untergesetztem ्.

Drei Arten von Hauchen.

ः ḥ (eigentlich ꣸) Visarga, + jihvâmûlîya. ⨯ upadhmânîya.

Letztere beide führen auch den gemeinschaftlichen Namen *ardhavisarga*. In der gewöhnlichen Sprache wird nur das erste Zeichen (:) angewendet.

Prosodische Zeichen.

। für die Kürze. ऽ für die Länge.

Accente.

_ unter der Sylbe bezeichnet Tonlosigkeit; in gewissen Fällen aber den Vorton der Sylbe.

। über der Sylbe bezeichnet den Nachton.

Mit diesen beiden Zeichen verbunden werden auch die Zahlzeichen १ u. ३ öfters bei der Betonung der Sylben angewendet.

Zahlzeichen.

१	२	३	४	५	६	७	८	९	०
1	2	3	4	5	6	7	8	9	0

Sanskrit.

Die Aehnlichkeit vieler Charaktere verursacht bei der Correctur oft Irrungen; daher werden Correctoren und Setzer sich mit Nutzen der beigefügten Zahlen bedienen. Zugleich zeigt dieses Alphabet einen abweichenden, aber richtigern Ductus des Sanskrit als das vorhergehende.

1	अ	a	27	र्े	re (m. Acc.)	53	क्य	kya	79	ङ्क	ńka
2	आ	â	28	ै	ai (mit Acc.)	54	क्र	kra	80	ङ्क्त	ńkta
3	इ	i	29	र्ैं	raiṁ	55	क्र	kra	81	ङ्क्य	ńkya
4	ई	î	30	ः	Accente und Lesezeichen	56	क्ल	kla	82	ङ्क्ष	ńksha
5	उ	u	31	ं		57	क्व	kva	83	ङ्ख	ńkha
6	ऊ	û	32	ँ		58	क्ष	ksha (x)	84	ङ्ख्य	ńkhya
7	ऋ	ṛi	33	।		59	क्ष्	ksh	85	ङ्ग	ńga
8	ॠ	ṛî	34	॥		60	क्ष्म	kshma	86	ङ्ग्य	ńgya
9	ऌ	ḷi	35	॰		61	क्ष्य	kshya	87	ङ्घ	ńgha
10	ॡ	ḷî	36	-		62	क्ष्व	kshva	88	ङ्घ्य	ńghya
11	ए	e	37	ऽ		63	ख	kha	89	ङ्घ्र	ńghra
12	ा	â	38	˟		64	ख्	kh	90	ङ्ङ	ńńa
13	ि	i	39	\		65	ख्य	khya	91	च	tscha (ća)
14	ी	î	40	^		66	ग	ga	92	च्	tsch (ć)
15	र्ी	rî	41	–		67	ग्	g	93	च्च	ćća
16	ु	u	42	।		68	ग्न	gna	94	च्छ	ććha
17	ू	û	43	<		69	ग्न्य	gnya	95	च्ञ	ćña
18	ृ	ṛi	44	᳙		70	ग्र	gra	96	च्म	ćma
19	ॄ	ṛî	45	¬		71	ग्र्य	grya	97	च्य	ćya
20	ॢ	ḷi	46	क	ka	72	घ	gha	98	छ	ćha
21	ॣ	ḷî	47	क्क	kka	73	घ्	gh	99	छ्र	ćhra
22	े	e	48	क्त	kta	74	घ्न	ghna	100	ज	dscha (ja)
23	ै	ai	49	क्त्य	ktya	75	घ्म	ghma	101	ज्	dsch (j)
24	ो	o	50	क्त्व	ktva	76	घ्य	ghya	102	ज्ज	jja
25	े	e (mit Acc.)	51	क्न	kna	77	घ्र	ghra	103	ज्ञ	jña
26	र्े	re	52	क्म	kma	78	ङ	ńa	104	ज्ञ्	jñ

Sanskrit.

105	ज्झ	jjha	133	ण्ड्र	ṇḍra	161	थ्	th	189	ध्य	dhya
106	ज्य	jya	134	ण्ड्र्य	ṇḍrya	162	थ्य	thya	190	ध्र	dhra
107	ज्र	jra	135	ण्ढ	ṇḍha	163	द	da	191	ध्व	dhva
108	ज्व	jva	136	ण्ण	ṇṇa	164	दु	du	192	न	na
109	झ	jha	137	ण्य	ṇya	165	दू	dû	193	न्	n
110	झ	jha	138	ण्व	ṇva	166	दृ	dṛi	194	न्त	nta
111	ञ	ña	139	त	ta	167	द्ग	dga	195	न्त्य	ntya
112	ञ्	ñ	140	त्	t	168	द्घ	dgha	196	न्त्र	ntra
113	ञ्च	ñća	141	त्क	tka	169	द्द	dda	197	न्द	nda
114	ञ्ज	ñja	142	त्त	tta	170	द्ब	ddba	198	न्द्र	ndra
115	ट	ṭa	143	त्त्य	ttya	171	द्द्य	ddya	199	न्ध	ndha
116	ट्क	ṭka	144	त्त्र	ttra	172	द्ध	ddha	200	न्ध्र	ndhra
117	ट्ट	ṭṭa	145	त्त्व	ttva	173	द्ध्य	ddhya	201	न्न	nna
118	ट्य	ṭya	146	त्न	tna	174	द्न	dna	202	न्प्र	npra
119	ठ	ṭha	147	त्प	tpa	175	द्ब	dba	203	न्फ	npha
120	ठ्य	ṭhya	148	त्प्र	tpra	176	द्ब्र	dbra	204	न्फ्र	nphra
121	ठ्र	ṭhra	149	त्फ	tpha	177	द्भ	dbha	205	न्म	nma
122	ड	ḍa	150	त्फ्र	tphra	178	द्भ्य	dbhya	206	न्य	nya
123	ड्ड	ḍḍa	151	त्म	tma	179	द्म	dma	207	न्स	nsa
124	ड्ड	ḍḍa	152	त्म्य	tmya	180	द्य	dya	208	प	pa
125	ढ	ḍha	153	त्य	tya	181	द्र	dra	209	प्	p
126	ढ्य	ḍhya	154	त्र	tra	182	द्र्य	drya	210	प्त	pta
127	ढ्र	ḍhra	155	त्र्य	trya	183	द्व	dva	211	प्न	pna
128	ण	ṇa	156	त्व	tva	184	द्व्य	dvya	212	प्प	ppa
129	ण्	ṇ	157	त्स	tsa	185	ध	dha	213	प्म	pma
130	ण्ट	ṇṭa	158	त्स्न	tsna	186	ध्	dh	214	प्य	pya
131	ण्ठ	ṇṭha	159	त्स्य	tsya	187	ध्न	dhna	215	प्र	pra
132	ण्ड	ṇḍa	160	थ	tha	188	ध्म	dhma	216	प्ल	pla

Sanskrit.

217	प्व	pva	245	य	ya	273	श्र	çra	301	स्म	sma
218	प्स	psa	246	य्	y	274	श्ल	çla	302	स्म्य	smya
219	फ	pha	247	य्	y	275	श्व	çva	303	स्य	sya
220	ब	ba	248	य्य	yya	276	श्श	çça	304	स्र	sra
221	ब्	b	249	र	ra	277	ष	sha	305	स्व	sva
222	ब्घ	bgha	250	रु	ru	278	ष्	sh	306	स्स	ssa
223	ब्ज	bja	251	रू	rû	279	ष्ट	shṭa	307	ह	ha
224	ब्द	bda	252	ल	la	280	ष्ट्य	shṭya	308	ह्	h
225	ब्ध	bdha	253	ल्	l	281	ष्ट्र	shṭra	309	हृ	hṛi
226	ब्ब	bba	254	ल्क	lka	282	ष्ट्र्य	shṭrya	310	ह्ण	hṇa
227	ब्भ	bbha	255	ल्प	lpa	283	ष्ट्र्य	shṭrya	311	ह्न	hna
228	ब्र	bra	256	ल्म	lma	284	ष्ट्व	shṭva	312	ह्म	hma
229	भ	bha	257	ल्य	lya	285	ष्ठ	shṭha	313	ह्य	hya
230	भ्	bh	258	ल्ल	lla	286	ष्ण	shṇa	314	ह्र	hra
231	भ्य	bhya	259	ल्व	lva	287	ष्प	shpa	315	ह्ल	hla
232	भ्र	bhra	260	व	va	288	ष्प्र	shpra	316	ह्व	hva
233	भ्व	bhva	261	व्	v	289	ष्म	shma	317	ळ	ḷ
234	म	ma	262	व्	v	290	ष्य	shya	318	ळ्ह	ḷha
235	म्	m	263	व्य	vya	291	स	sa	319	१	1
236	म्न	mna	264	व्र	vra	292	स्	s	320	२	2
237	म्प	mpa	265	व्व	vva	293	स्क	ska	321	३	3
238	म्प्र	mpra	266	श	ça	294	स्ख	skha	322	४	4
239	म्ब	mba	267	श	ça	295	स्त	sta	323	५	5
240	म्भ	mbha	268	श्	ç	296	स्त्र	stra	324	६	6
241	म्य	mya	269	श्	ç	297	स्थ	stha	325	७	7
242	म्र	mra	270	श्च	çća	298	स्न	sna	326	८	8
243	म्ल	mla	271	श्च्य	çćya	299	स्प	spa	327	९	9
244	म्स	msa	272	श्न	çna	300	स्फ	spha	328	०	0

Tamulisch oder Malabarisch.

Die drei hauptsächlichsten verwandten Dialekte des Tamulischen oder Malabarischen: Canarese, Telugu und Malayalam, haben eigene Schriftzeichen für sämmtliche Sanskritlaute erfunden. Das Tamulische, das ausgezeichnetste Glied der Dravida-Familie, hat wegen seiner vorwiegenden Richtung, die eingeführten Sanskritwörter zu naturalisiren, in einem weit höhern Grad das ursprüngliche phonetische System der Dravida-Sprachen bewahrt. Es zählt blos 30 Buchstaben, nämlich 12 Vokale und 18 Consonanten.

Die Schrift läuft von der Linken zur Rechten.

Kurze Vokale.

அ	a (wie das kurze a der Italiener)
இ	i
உ	u
எ	e
ஒ	o (das kurze italienische o)

Die entsprechenden langen Vokale.

ஆ	à (wie das lange italienische a)
ஈ	ì
ஊ	ù
ஏ	è
ஓ	ò

Diphthonge.

ஐ	ei
ஔ	au

Consonanten.

க்	k ch
ங்	ǹ (wie ng in lang)
ச்	s
ஞ்	ñ (das französische gn in règne)
ட்	ṭ (wie im Sanskrit das linguale t u. d)
ண்	ṇ (wie im Sanskrit das linguale n)
த்	t
ந்	n
ப்	p
ம்	m
ற்	ṛ (ein schnarrendes r, halb Zahn- halb Zungenlaut)
ன்	ń (ein sanftes n)

Liquidae.

ய்	j y
ர்	r
ல்	l (sanftes l)
வ்	v w
ள்	ḷ (hartes l, von lingualem Charakter)
ழ்	ḻ (ein Ton zwischen r, l und dem franz. j in je, gleichfalls von lingualem Charakter)

Die Eingeborenen theilen die Consonanten in rauhe, weiche und mittle Buchstaben. Die erste Classe enthält die Tenues (க், ச், ட், த், ப், ற்); die zweite die entsprechenden Nasenlaute und die dritte die Liquidae. — Ein Punkt über dem Consonanten zeigt die Abwesenheit jedwedes Vokals an; derselbe wird aber in den Orginalschriften auch weggelassen.

In Bezug auf die Aussprache der Buchstaben hier noch Folgendes:

a) Das kurze a hat vor den sanften Buchstaben ன், ண், und den mitteln Buchstaben ர், ல், ள், ழ், am Ende vielsylbiger Wörter einen sehr sanften Laut (fast wie e in Ende).

b) Mit einem vorhergehenden ர் verbunden erhält das kurze a fast denselben Laut.

c) Die Vokale e und è werden, wenn Anfangsbuchstaben, gewöhnlich so ausgesprochen, als wenn ein j vorherginge.

d) Die Vokale i (ì) und e (è) werden, wenn einer jener Consonanten folgt, die Linguale sind oder wenigstens einen lingualen Charakter (ட், ண், — ள், ற், ழ்) haben, resp. fast wie üh und öh ausgesprochen, jedoch mit einem etwas tiefern Laut.

e) Die Consonanten க், த், ப் werden nur als Anfangsbuchstaben, oder wenn sie in der Mitte eines Worts verdoppelt stehen, hart ausgesprochen. Dasselbe gilt auch von dem Buchstaben ட், der aber in rein tamulischen Wörtern nicht als Anfangsbuchstabe vorkommt.

f) Wenn க், ட், த், ப் in der Mitte eines Wortes einfach vorkommen, so lautet க் wie ch, ப் wie b, த் wie th in dem englischen Worte breathe und ட் wie das linguale Sanskrit d.

g) Der Consonant ச் wird scharf ausgesprochen, auch wenn er allein in der Mitte eines Worts vorkommt, und lautet deshalb wie ss. Wenn der Nasenlaut ஞ் vorhergeht, so klingt es mit demselben zusammen fast wie das italienische ng in angelo: verdoppelt oder nach einem ட் oder ற் wie das italienische c in cervo.

h) e mit j am Ende einer Sylbe erhält einen Laut zwischen ei und è.

i) Doppel ற் klingt wie tt. Nach dem entsprechenden Nasenlaut ன் kann es wie d gesprochen werden.

Da das tamulische Alphabet syllabisch ist, so kann mithin ein Wort an jeder Stelle getheilt werden, sobald der Consonant nicht von seinem Vokale getrennt wird. Von den Interpunktionen bedienen sich die Tamulen nur des Punktes.

Die Vokale erscheinen in ihrer eigenen Gestalt blos als Anfangsbuchstaben. Folgende Tabelle zeigt, in welcher Weise ein jeder von ihnen sich mit den verschiedenen Consonanten verbindet oder damit zusammenfliesst. Das kurze a wird, wenn ein Consonant folgt, gar nicht ausgedrückt, da dieser Vokal von Natur jedem Consonanten eigen ist, gerade wie im Sanskrit.

	a	â	i	î	u	û	e	ê	ei	o	ô	au
	அ	ஆ	இ	ஈ	உ	ஊ	எ	ஏ	ஐ	ஒ	ஓ	ஔ
k	க	கா	கி	கீ	கு	கூ	கெ	கே	கை	கொ	கோ	கௌ
ṅ	ங											
s	ச	சா	சி	சீ	சு	சூ	செ	சே	சை	சொ	சோ	சௌ
ñ	ஞ	ஞா	ஞி	ஞீ	ஞு	ஞூ	ஞெ	ஞே	ஞை	ஞொ	ஞோ	ஞௌ
ṭ	ட	டா	டி	டீ	டு	டூ	டெ	டே	டை	டொ	டோ	டௌ
ṇ	ண	ணா	ணி	ணீ	ணு	ணூ	ணெ	ணே	ணை	ணொ	ணோ	ணௌ
t	த	தா	தி	தீ	து	தூ	தெ	தே	தை	தொ	தோ	தௌ
ń	ந	நா	நி	நீ	நு	நூ	நெ	நே	நை	நொ	நோ	நௌ
p	ப	பா	பி	பீ	பு	பூ	பெ	பே	பை	பொ	போ	பௌ
m	ம	மா	மி	மீ	மு	மூ	மெ	மே	மை	மொ	மோ	மௌ
y	ய	யா	யி	யீ	யு	யூ	யெ	யே	யை	யொ	யோ	யௌ
r	ர	ரா	ரி	ரீ	ரு	ரூ	ரெ	ரே	ரை	ரொ	ரோ	ரௌ
l	ல	லா	லி	லீ	லு	லூ	லெ	லே	லை	லொ	லோ	லௌ
v	வ	வா	வி	வீ	வு	வூ	வெ	வே	வை	வொ	வோ	வௌ
ḻ	ழ	ழா	ழி	ழீ	ழு	ழூ	ழெ	ழே	ழை	ழொ	ழோ	ழௌ
ḷ	ள	ளா	ளி	ளீ	ளு	ளூ	ளெ	ளே	ளை	ளொ	ளோ	ளௌ
ṟ	ற	றா	றி	றீ	று	றூ	றெ	றே	றை	றொ	றோ	றௌ
n	ன	னா	னி	னீ	னு	னூ	னெ	னே	னை	னொ	னோ	னௌ

Angenommene Buchstaben und Ligaturen.

ஷ்	ஷ	ஷி	ஷீ	ஸ்	ஸ	ஃ	௴	௵	ௐ
sh	shă	shĭ	shī	s	să	ch	Monat	Jahr	Om (heiliger Ausruf)

Ziffern.

௧	௨	௩	௪	௫	௬	௭	௮	௯	௰	௱	௲
1	2	3	4	5	6	7	8	9	10	100	1000

Die Zahlen werden ganz einfach zusammengesetzt, z. B. 11 = ௰௧, 12 = ௰௨ etc.

Zend.

Figur	Bedeutung	Figur	Bedeutung
𐬀	a	𐬰	z
𐬁	â	𐬣	ñ
𐬌	i	𐬙	t
𐬍	î	𐬝	ṭ
𐬎	u	𐬚	th
𐬏	û	𐬛	d
𐬈	e (ĕ)	𐬜	dh
𐬉	è	𐬥	n
𐬆	ė	𐬞	p
𐬊	o	𐬟	f
𐬋	ô	𐬠	b
𐬃	ào	𐬨	m
𐬄	aṅ	𐬫	y zu Anfang
𐬐	k	𐬪	y in der Mitte
𐬑	kh	𐬭	r
𐬒	q	𐬬	v zu Anfang
𐬔	g	𐬎𐬎	v in der Mitte
𐬖	gh	𐬡	w
𐬣	ṅ	𐬳	ç
𐬗	ċ	𐬱	sh
𐬘	j	𐬯	s
𐬲	sch	𐬵	h

Interpunktionszeichen.

. ° ∴

Birmanisch.

Vokale.

Figur	Bedeutung	Figur	Bedeutung
အ	a æ	ဧ	è
အာ	â	အဲ	æ
ဣ	i ei	ဪ	o
ဤ	î	ဪ်	ò
ဥ	u o	အံ	aṇ
ဦ	û	အား	àḥ

Consonanten.

Figur	Bedeutung	Figur	Bedeutung
က	k	ဒ	d
ခ	kh	ဓ	dh
ဂ	g	န	n
ဃ	gh	ပ	p
င	ng	ဖ	ph
စ	tsch	ဗ	b
ဆ	tschh	ဘ	bh
ဇ	dsh	မ	m
ဈ	dshh	ယ	j
ည	ñ	ရ	r
ဋ	ṭ	လ	l
ဌ	ṭh	ဝ	w
ဍ	ḍ	သ	s
ဎ	ḍh	ဟ	h
ဏ	ṇ	ဠ	ł
တ	t	အး	aṇ
ထ	th		

Karnatisch.

Karnata oder Karnara ist eine dem Sanskrit sehr nahe verwandte Sprache, die noch heute in Mysore, Visapur und Bejapur gesprochen wird. Das eigenthümliche Alphabet erinnert an das Telinga, dem auch die Sprache, sowie dem Tamulischen, in syntaktischer Beziehung ähnelt.

ಅ	a	ಏ	ê	ಙ	nga	ತ	ta	ಯ	ja
ಆ	â	ಐ	ai	ಚ	k'a	ಥ	tha	ರ	ra
ಇ	i	ಒ	o	ಛ	k'ha	ದ	da	ಲ	la
ಈ	î	ಓ	ô	ಜ	g'a	ಧ	dha	ವ	wa
ಉ	u	ಔ	au	ಝ	g'ha	ನ	na	ಶ	ça
ಊ	û	ಂ	ṅ	ಞ	ña	ಪ	pa	ಷ	scha
ಋ	ṛ	ಃ	ḥ	ಟ	t'a	ಫ	pha	ಸ	sa
ೠ	ṛ'	ಕ	ka	ಠ	t'ha	ಬ	ba	ಹ	ha
ಌ	i	ಖ	kha	ಡ	d'a	ಭ	bha	ಳ	la
ೡ	i'	ಗ	ga	ಢ	d'ha	ಮ	ma	ೞ	sha
ಎ	e	ಘ	gha	ಣ	n'a				

Ligaturen.

ಕಿ	ki	ಞು	ñu	ದಾ	dâ	ನ್ನ	nna	ವಾ	wâ
ಕು	ku	ಡೆ	d'e	ದಿ	di	ಪು	pu	ವು	wu
ಕೋ	kô	ಡೊ	d'o	ದೀ	dî	ಪ್ರ	pra	ವೂ	wû
ಕ್ಷ	kscha	ತಿ	ti	ದೆ	de	ಭು	bhu	ವೃ	wṛ
ಗಾ	gâ	ತೀ	tî	ದೃ	dri	ಮ್ಮ	mma	ವೄ	wṛ'
ಗಿ	gi	ತು	tu	ನ್	n	ರಾ	râ	ವೈ	wai
ಗು	gu	ತೆ	te	ನಾ	nâ	ರೆ	re	ವ್ವು	wwu
ಗೆ	ge	ತೈ	tai	ನಿ	ni	ಲಾ	lâ	ಷಾ	schâ
ಗೇ	gê	ತ್ತು	ttu	ನೀ	nî	ಲೂ	lû	ಷ್ಟ	scht'a
ಗೈ	gai	ತ್ತೆ	tte	ನು	nu	ಲೋ	lô	ಹೊ	hô
ಞಾ	ñâ	ತ್ರ	tra	ನೆ	ne	ಽ	wa		

Guzeratisch.

Die guzerathischen Schriftzeichen sind wie die übrigen neuern indischen Alphabete unmittelbar von dem Devanagari (der Sanskritschrift) abgeleitet, von welchem sie sich hauptsächlich durch das Fehlen der Verbindungsstriche über den Buchstaben unterscheiden. Das Guzerathi wird in der Landschaft Guzerath im Westen Vorderindiens (in den Gerichtssprengeln von Ahmedabad, Baroach und Surat), unter anderm auch von den dort lebenden Parsen gesprochen. In neuerer Zeit ist besonders zu Bombay Vieles in Guzerathi gedruckt worden.

અ અ	a	ઓ ઓ	o	ચ	k'a	ત	ta	ભ ભ	bha
આ આ	â	ઔ ઔ	au	છ	k'ha	થ	tha	મ	ma
ઇ	i	ક	ka	જ	g'a	દ	da	વ	wa
ઉ ઊ	u	ખ	kha	ઝ	g'ha	ધ	dha	લ	la
ઋ	r	ગ	ga	ટ	t'a	ન	na	ર	ra
એ ઐ	e	ઘ	gha	ઠ	t'ha	પ	pa	સ	sa
				ડ	d'a	ફ	pha	શ	ça
				ઢ	d'ha	બ	ba	હ	ha
				ણ	n'a				

Ligaturen.

કી	ki	જી	g'i	ણી	n'i	નૂ	nû	વુ	vu
કુ	ku	જુ	g'u	ણુ	n'u	પી	pi	વૂ	vû
કૂ	kû	જૂ	g'û	ણૂ	n'û	પુ	pu	લી	li
ખી	khi	ઝી	g'hi	તી	ti	પૂ	pû	લુ	lu
ખુ	khu	ઝુ	g'hu	તુ	tu	ફી	phi	લૂ	lû
ખૂ	khû	ઝૂ	g'hû	તૂ	tû	ફુ	phu	રી	ri
ગી	gi	ટી	t'i	થી	thi	ફૂ	phû	રુ	ru
ગુ	gu	ટુ	t'u	થુ	thu	બી	bi	રૂ	rû
ગૂ	gû	ટૂ	t'û	થૂ	thû	બુ	bu	સી	si
ઘી	ghi	ઠી	t'hi	દી	di	બૂ	bû	સુ	su
ઘુ	ghu	ઠુ	t'hu	દુ	du	ભી	bhi	સૂ	sû
ઘૂ	ghû	ઠૂ	t'hû	દૂ	dû	ભુ	bhu	શી	çi
ચી	k'i	ડી	d'i	ધી	dhi	ભૂ	bhû	શુ	çu
ચુ	k'u	ડુ	d'u	ધુ	dhu	મી	mi	શૂ	çû
ચૂ	k'û	ડૂ	d'û	ધૂ	dhû	મુ	mu	હી	hi
છી	k'hi	ઢી	d'hi	ની	ni	મૂ	mû	હુ	hu
છુ	k'hu	ઢુ	d'hu	નુ	nu	વી	vi	હૂ	hû
છૂ	k'hû	ઢૂ	d'hû						

Telingisch.

Die Telinga-Sprache wird von der holländischen Niederlassung von Pulicat landeinwärts bis in die Nähe von Bangalore gesprochen und verbreitet sich von da nordwärts über Hyderabad und Beeder, am mittlern und untern Kistna und Godavery, längs der Seeküste, bis in die nördlichen Circars bei Cicacole. Wenn gleich viele Sanskritwörter eingedrungen sind, so gehört das Telinga doch einer vom Sanskrit durchaus verschiedenen Sprachgruppe an; es bildet sich aus seinen eigenen Wurzeln, welche, wie die seiner Schwestersprachen, der Tamulischen, Malayala und Canara, mit dem Sanskrit keine Verbindung haben.

అ	a	ఏ	ê	ఙ	nga	త	ta	ర	ra
ఆ	â	ఐ	ai	చ	k'a	థ	tha	ల	la
ఇ	i	ఒ	o	ఛ	k'ha	ద	da	వ	wa
ఈ	î	ఓ	ô	జ	g'a	ధ	dha	శ	ça
ఉ	u	ఔ	au	ఝ	g'ha	న	na	ష	scha
ఊ	û	ం	ṅ	ఞ	ña	ప	pa	స	sa
ఋ	ṙ	ః	ḣ	ట	t'a	ఫ	pha	హ	ha
ౠ	r'	క	ka	ఠ	t'ha	బ	ba	ళ	ḷa
ఌ	i	ఖ	kha	డ	d'a	భ	bha	ఱ	sha
ౡ	i'	గ	ga	ఢ	d'ha	మ	ma	౹	Pause
ఎ	e	ఘ	gha	ణ	n'a	య	ja		

Ligaturen.

కా	kâ	ఝా	g'hâ	మా	mâ	తి	ti	ౢలి	l. li
కు	ku	ఝి	g'hi	మి	mi	తీ	tî	లు	lu
కూ	kû	ఝూ	g'hû	ము	mu	తు	tu	లో	lo
కొ	ko	ఞా	ñâ	మె	me	తె	te	ల్ల	lla
క్ష	kscha	ఞు	ñu	మొ	mo	త్తు	ttu	ల్లి	lli
గె	ge	నా	nâ	మ్ము	mmu	త్ర	tra	వా	wâ
గే	gê	ని	ni	యా	jâ	దా	dâ	వు	wu
గౌ	gau	నీ	nî	యి	ji	ది	di	వె	we
ఘా	ghâ	ను	nu	యె	je	దు	du	వ్వ	wwa
ఘు	ghu	నె	ne	యొ	jo	దె	de	వ్వు	wwu
ఘూ	ghû	న్న	nna	రా	râ	దొ	do	శి	çi
ఙా	ngâ	పొ	po	రి	ri	ద్దు	ddu	షా	schâ
ఙు	ngu	ప్పు	ppu	ఞూ	ñû	ద్ధా	ddhâ	ష్ట	scht'a
చి	k'i	బా	bâ	టె	t'e	ధా	dhâ	సా	sâ
చు	k'u	బు	bu	డు	d'u	ఱి	ri	స్సా	ssâ
చె	k'e	భూ	bhû	ఢు	d'hu	రు	ru		

Bengalisch.

Die Sprache der Bengalen oder Gaura, am Ausflusse des Ganges, literarisch cultivirt und mit eigenthümlichem, dem Devanagari nachgebildetem Schriftcharakter, ist weniger vermischt als die übrigen indischen Sprachen und gilt für eine Tochter des Altindischen, obgleich die Grammatik mit dem Sanskrit nur geringe Uebereinstimmung zeigt.

Vokale.

অ	a	ঌ	lri
আ	á	ৡ	lrí
ই	i	এ	e
ঈ	í	ঐ	ai
উ	u	ও	o
ঊ	ú	ঔ	au
ঋ	ri	অং	ang
ৠ	rí	অঃ	ah

Consonanten.

ক	ka	ঞ	ña	ধ	dha	ল	la
খ	kha	ট	ṭa	ন	na	ব	va
গ	ga	ঠ	ṭha	প	pa	শ	sha
ঘ	gha	ড	ḍa	ফ	pha	স	sa
ঙ	nga	ঢ	ḍha	ব	ba	ষ	sḥa
চ	tscha	ণ	ṇa	ভ	bha	হ	ha
ছ	tschha	ত	ta	ম	ma	ক্ষ	khya
জ	dscha	থ	tha	য	ya		
ঝ	dschha	দ	da	র	ra		

Die Vokale

wenn sie mit den Consonanten verbunden sind, haben folgende Gestalt, und werden entweder vor, nach oder unter den Consonanten gesetzt.

া	á	nach
ি	i	vor
ী	í	nach
ু	u	unter
ূ	ú	unter
ৃ	ri	unter
ৄ	rí	unter
ে	e	vor
ৈ	ai	vor
ে া	o	vor, nach
ে ৗ	au	vor, nach
ং	ang	nach
ঃ	ah	nach

Bemerkungen.

Mit allen Consonanten, welche allein stehen, ist das kurze a an sich verbunden, wenn aber

্ *(birám)* darunter steht, oder ein anderer Consonant mit ihm verbunden ist, fällt das a weg.

্য für y, wenn es als zweiter mit einem andern Consonanten verbunden ist.

র্ über dem Consonanten statt r, und vor ihm zu sprechen.

্র unter dem Consonanten statt r, und nach ihm zu sprechen.

ঁ über dem Consonanten, bedeutet, dass dieser ein Nasenlaut ist.

৭ Abkürzung für das Wort *Ganesh.*

ঔ Abkürzung für den Namen *Gottes.*

। (Interpunktion) am Ende eines Satzes.

Bugis.

Die ursprüngliche und vorzüglichste Sprache auf der Insel Celebes. Ein ausgezeichneter Stamm derselben mit besonderm Dialekte sind die Makassar oder Mongkassara, nach denen auch die ganze Insel benannt worden ist.

a	ba	ra	la
ka	ma	k'a	wa
kha	pha	g'a	sa
ga	ta	a	ha
nga	da	k'ha	ja
pa	na	ra	

Bemerkungen.

Jeder Consonant oder Buchstabe des Alphabets hat einen anhängenden Vokal, und bildet mit diesem eine besondere Sylbe. Die veränderlichen Vokale sind folgende:

e vor dem Buchstaben.
i über dem Buchstaben.
o nach dem Buchstaben.
u unter dem Buchstaben.
öng am Kopf des Buchstaben.

Javanisch.

Gewöhnliche Buchstaben.

Gew. Figur	Pasangans	Name u. Laut
ꦲ	꧀ꦲ	hå
ꦤ	꧀ꦤ	nå
ꦕ	꧀ꦕ	tjå
ꦫ	꧀ꦫ	rå
ꦏ	꧀ꦏ	kå
ꦢ	꧀ꦢ	då
ꦠ	꧀ꦠ	tå
ꦱ	꧀ꦱ	så
ꦮ	꧀ꦮ	wå
ꦭ	꧀ꦭ	lå
ꦥ	꧀ꦥ	på
ꦝ	꧀ꦝ	ḍå
ꦗ	꧀ꦗ	djå
ꦪ	꧀ꦪ	jå
ꦚ	꧀ꦚ	njå
ꦩ	꧀ꦩ	må
ꦒ	꧀ꦒ	gå
ꦧ	꧀ꦧ	bå
ꦛ	꧀ꦛ	tå
ꦔ	꧀ꦔ	ngå
ꦉ	ꦽ	*På-tjere'*, rě
ꦊ	—	*Ngå-lelet*, lě

Anfangsbuchstaben.

Gew. Figur	Pasangans	Name u. Laut
ꦟ	—	Nå
—	꧀ꦖ	Tjá
ꦑ	—	Kå
ꦡ	꧀ꦡ	Tå
ꦯ oder ꦰ	—	Så
ꦦ	꧀ꦦ	På
ꦘ	—	Njå
ꦓ	—	Gå
ꦨ	—	Bå

Alleinstehende Vokale.

ꦄ	ꦆ	ꦈ	ꦌ	ꦎ
a	i	u	e	o

Angenommene Buchstaben.

Folgende vier Buchstaben mit dem Zeichen ꦳ *Sastrosworo* werden gesetzt, wenn solche in Wörtern vorkommen, welche aus dem Arabischen stammen, da es im Javanischen Alphabete keine Buchstaben gibt, die dem Laut genügend entsprechen.

ꦏ꦳	chå	für den arabischen Buchstaben	خ	chà
ꦥ꦳	få	„ „ „	ف	fe
ꦗ꦳	zå	„ „ „	ز	ze
ꦒ꦳	ghå	„ „ „	غ	ghain

Ziffern.

꧑	꧒	꧓	꧔	꧕	꧖	꧗	꧘	꧙	꧐
1	2	3	4	5	6	7	8	9	0

Vokal- und Lesezeichen

Sandangan genannt.

Figur	Name	Laut oder Bedeutung
	Pĕpĕt	ĕ
	Ulu oder Wulu	i
	Suku	u
	Taling	e
	Taling-Tarung	o
	Paten oder Pánkon	(benimmt einem Buchstaben den Vokallaut)
	Ságnjan oder Wignjan	h (steht am Ende einer Sylbe)
	Tjĕtj'a	ng (am Ende einer Sylbe)
	Lajar	r (am Ende einer Sylbe)
oder	Tjåkrå	r (zwischen einem Mitlauter und dem folgenden Laut)
	Kĕrĕt	rĕ (nach einem Mitlauter)
	Pĭnkal	j (nach einem Mitlauter)

Podos oder Padas.

Unter dieser Benennung hat die Javanische Schrift folgende Zeichen:

Podo luhur. Mit diesem Zeichen beginnt der Höhere seinen Brief an den Niedern.

Podo madyo, wird auf dieselbe Weise zu Anfang eines Briefes gebraucht bei Personen von gleichem Range.

Podo andap, gebraucht der Niedere zu Anfang seines Briefes an den Höhern.

Podo-bab, zu Anfang eines neuen Abschnittes, eines Satzes.

Podo-lingso, das gewöhnliche Interpunktionszeichen, steht am Ende eines Satzes oder hinter für sich bestehenden Wörtern; in Gedichten oder Gesängen zu Ende der Verse als Trennungszeichen, da die Javanen ihre Verse hintereinander schreiben wie die Prosa. Am Schlusse eines Abschnittes wird es verdoppelt.

Podo andegging tjelatu, auch *dirgo muraras* genannt, steht zuweilen statt des *Podo-lingso*; am meisten wird es gebraucht bei Zahlen, um diese von den vorhergehenden oder nachfolgenden Wörtern zu trennen.

Ulu munta. Ist der Vokal in der letzten Sylbe von einem Wort ein *Ulu*, so hat dieses Lautzeichen in der Mitte ein *Tjelja*.

Suku mendut. Ist der Vokal in der letzten Sylbe ein *Suku*, so hat dasselbe diese Gestalt

Dirgo mure heisst das Zeichen über dem *Taling* oder *Taling-Tarung*, wenn dieser Vokal in der letzten Sylbe steht.

Podo watjan anglegeno. Unter dieser Benennung wird das *Tarung* auch als Trennungszeichen gebraucht.

Pseleh ing tembang gede, bei Gedichten ein Abtheilungszeichen.

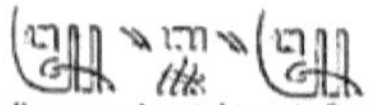

Purwo-podo, steht zu Anfang eines Gedichts.

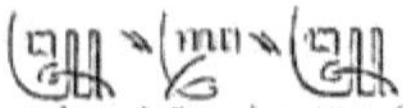

Madyo-podo, zu Anfang eines neuen Gesanges, wenn die Melodie und deshalb auch das Versmaass verwechselt werden.

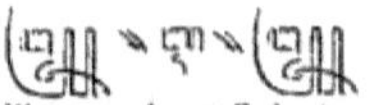

Wasono-podo, am Ende eines Gedichts.

Ligaturen.

Nachstehende Ligaturen bestehen aus den Vokalzeichen *Suku*, *Tjokro*, *Keret* und *Pinkal* mit den gewöhnlichen Buchstaben und Pasangans, sowie aus Vokalzeichen mit Lesezeichen.

Kleines Pasangan *Wo*, wird angewendet unter einem Buchstaben, welcher in dritter Reihe steht.

Diese kleinen Lesezeichen werden gesetzt unter Hülfsbuchstaben, welche in dritter Reihe stehen.

Kurzes *Lajar*, wird angewendet, wenn für das lange *Lajar* kein Raum ist.

Dieses Zeichen wird unter die Buchstaben *Wo* und *Ngo* gesetzt, um die Vokale u und o zu bilden, s. d.

Bemerkungen.

Die Javanen haben 20 Buchstaben, die von ihnen *Aksoro*, *Sastro* oder *Tjarakan* genannt und von der Linken zur Rechten, ohne an einander zu hängen, jeder für sich selbst bestehend, geschrieben werden. Durch die vielen Hülfsbuchstaben, Vokal- u. Lesezeichen etc. besteht indessen die Schrift aus zahlreichen Charakteren. — Die *Pasangans*, welche im Alphabete vorkommen, stehen mit dem Zeichen *Paten* in genauester Beziehung, es sind dessen Stellvertreter; wenn nämlich mitten in einem Worte ein vokalloser Mitlauter vorkommt, so wird das Paten erfordert, um dem Mitlauter seinen Vokal zu nehmen; um aber durch dieses Zeichen keine Trennung in dem Worte zu machen, gibt man, mit Weglassung des Paten, dem Buchstaben, welcher auf den vokallosen Mitlauter folgt, eine andere Gestalt oder einen andern Platz oder auch beides, und dieses Zeichen nennt man dann *Pasangan* (Hülfsbuchstaben). Da hierdurch die Pasangans grösstentheils unter die gewöhnlichen Buchstaben, einige Vokal- und Lesezeichen aber über dieselben zu stehen kommen, so läuft die Javanische Schrift in drei Reihen; in welcher Reihe nun die verschiedenen Charaktere ihren Platz haben, ist hier im Alphabet durch Punkte angedeutet worden.

Tibetanisch.

Figur	Bedeutung	Figur	Bedeutung
ཀ	k	མ	m
ཁ	kh	ཙ	zz
ག	g	ཚ	ts
ང	ng	ཛ	dz
ཅ	dsh	ཝ	w
ཆ	tsch	ཞ	sh
ཇ	dsh	ཟ	s
ཉ	ñ	འ	a
ཏ	t	ཡ	y
ཐ	th	ར	r
ད	d	ལ	l
ན	n	ཤ	sch
པ	p	ས	ss
ཕ	ph	ཧ	h
བ	b	ཨ	a

Vokale.

Die tibetanische Sprache, deren Schrift von der Linken zur Rechten läuft, hat fünf Vokale **a i u e o**. Der Vokal **a** ist bei jedem Consonanten mit inbegriffen, wenn aber bei den präfixen Lauten

ག ད བ མ

eine Verwechselung eintreten könnte, so wird das **a** immer འ bezeichnet. Die übrigen Vokale haben folgende Zeichen und Benennung:

ི Kiku, i
ུ Sciapkiu, u
ེ Drengbu, e
ོ Naro, o

Hiervon werden Kiku, Drengbu und Naro über die Consonanten gesetzt, Sciapkiu unter dieselben. Stehen sie doppelt, so bedeutet Sciapkiu entweder **uu** od. den Diphthong **au**; — Drengbu **ee** od. **ei**; — Naro **oo** od. **oi** und **ou**. — Kiku hat auch öfters diese Gestalt ྀ

ཱ wird unter die Buchstaben gesetzt; unter **ph** bildet es dasselbe zu **f**, unter **ss** dasselbe zu **x**; unter den übrigen Buchstaben bedeutet es **a**, nach Andern **u**.

o über den drei Buchstaben **th**, **a** und **h**: bei ersterm bedeutet es **mce**, bei den zwei letzteren **m**, n. A. auch **ang** und **ong**.

Accente.

Nota Gutturalis.
» Palatini.
» Narini.
» Singularis.

Interpunktionszeichen.

༄༅། Anfangszeichen, jedoch setzt man auch andere ähnliche Figuren.

། **Komma.** Zwei solcher Zeichen bilden den **Punkt.** Vier dergleichen und dazwischen ⁘ ist das **Schlusszeichen.**

་ wird zwischen die Sylben gesetzt.

∪ o bezeichnet die Hervorhebung eines Wortes.

Ligaturen.

[illegible]

Mongolisch.

Consonanten				Vokale			
zu Anfang	in der Mitte	am Ende	Bedeutung	zu Anfang	in der Mitte	am Ende	Bedeutung
			n				a
			b				e
		....	ch				i
		....	gh				o
			k				u
		....	g				ö
			m				ü
			l				
			r				
			t				
			d				
		....	j				
		....	s. ds				
		....	ts				
			ss				
		....	sch				
		....	w				

Interpunktionszeichen.

:: zum Abtheilen grösserer und kleinerer Sätze.

⁘ am Ende einer Periode.

Da die Mongolen nicht die Seiten, sondern nur die Blätter eines Werkes numeriren, so ist es üblich, zu Anfang eines jeden Blattes dieses oder ein ähnliches Zeichen zu setzen.

Bemerkungen.

Die mongolische Schrift läuft, gleich dem Mandschu, in perpendikulären Linien von der Linken zur Rechten. Das Alphabet derselben, insofern eigene Wörter der Sprache dadurch ausgedrückt werden sollen, besteht aus sieben Vokalen, nebst den daraus zusammengesetzten Diphthongen, und siebzehn Consonanten, welche je nachdem sie am Anfang, in der Mitte oder am Ende eines Wortes stehen, oder auch in Folge orthographischer Gesetze, zum Theil ihre ursprüngliche Gestalt verändern oder eine andere annehmen. — Die Consonanten werden nicht als abgesonderte Schriftzeichen behandelt, sondern immer mit einem Vokal verbunden und als einfache Sylben dargestellt und ausgesprochen. Von dieser Regel findet nur dann eine Ausnahme statt, wenn ein Consonant als Schlussbuchstabe einer Sylbe oder eines Wortes erscheint. Indess können diese Schlussbuchstaben, ihrer Eigenschaft als solche unbeschadet, noch einen Endvokal auf sich folgen lassen. — Ausser obengenannten Buchstaben haben die Mongolen noch eine Anzahl anderer erfunden, um die im mongolischen Alphabete fehlenden sanskritischen und tibetanischen Charaktere richtig darzustellen: diese nennen sie *Galik*.

Mandschu.

Benennung	Figur freistehend	zu Anfang	in der Mitte	am Ende	Bedeutung
A					a
E					e
I					i
O					o
U					u
Ô					ô
An					an
Na					n
Ka					k
Ga				. . .	g aspirirt
Kha				. . . .	kh guttural
Ba					b weich
Pa				. . . .	p aspirirt
Sa					s

Benennung	Figur freistehend	zu Anfang	in der Mitte	am Ende	Bedeutung
Sha					sh
Ta					t
Da					d
Te					t
De				. . . . .	d
La					l
Ma					m
Tsha				. . . .	tsh
Dsha				. . . . .	dsh
Ya				. . . . .	y
Ke				. . . . .	k
Ge					g
Khe				. . . .	kh guttural
Ra		. . . . .			r

Mandschu.

Benennung	Figur: freistehend	Figur: zu Anfang	Figur: in der Mitte	Figur: am Ende	Bedeutung
Fa				....	f
Wa				....	w
Dse				....	ds
Tse				....	ts
Ja			....	....	sch weich
Sse			....	....	ss
Tshha			....	....	tshh
Dshha			....	....	dshh

Consonanten vor einem andern Consonanten.

n k t

Diphthonge.

ai oi ui ua

ei öi òa ue

Ligaturen: freistehend	zu Anfang	in der Mitte	am Ende	Werth
				bi
				bo
				bu
				bo
				pi
				po
				pu
				po
				ki
				ku
				me

i ma mu re

gge mi ml rl

gk mo al ye

Accente.

gibt dem Buchstaben einen weichern Laut.

macht den Buchstaben zum Kehllaut.

Interpunktion.

so viel als unser Semikolon.

unser Punkt.

Die Zahlen werden aus Buchstaben zusammengesetzt, z. B.

1 10 100

Die Mandschu-Schrift läuft von oben nach unten, und die Zeilen von der Linken zur Rechten, z. B.

a sere khergen

Armenisch.

Figur		Benennung	Bedeutung	Zahlwerth	Figur		Benennung	Bedeutung	Zahlwerth
Ա	ա	Aip	a	1	Մ	մ	Mjen	m	200
Բ	բ	Pjen	p	2	Յ	յ	Hi	h j	300
Գ	գ	Kim	k	3	Ն	ն	No	n	400
Դ	դ	Ta	t	4	Շ	շ	Scha	sch	500
Ե	ե	Jetsch	je e	5	Ո	ո	Wo	o engl. w	600
Զ	զ	Za	z gelind	6	Չ	չ	Tscha	tsch	700
Է	է	E	e	7	Պ	պ	Be	b	800
Ը	ը	Jeth	e kurz	8	Ջ	ջ	Dsche	dsch hart	900
Թ	թ	Tho	th	9	Ռ	ռ	Rra	rr rh	1000
Ժ	ժ	She	sh weich j	10	Ս	ս	Sa	s stark	2000
Ի	ի	Ini	i	20	Վ	վ	Wjev	w	3000
Լ	լ	Liun	l	30	Տ	տ	Diun	d	4000
Խ	խ	Che	ch	40	Ր	ր	Re	r stark	5000
Ծ	ծ	Dsa	ds	50	Ց	ց	Tzo	tz	6000
Կ	կ	Gjen	g	60	Ւ	ւ	Hiun	u v	7000
Հ	հ	Hho	hh	70	Փ	փ	Ppiur	pp ph	8000
Ձ	ձ	Tsa	ts	80	Ք	ք	Khe	kh	9000
Ղ	ղ	Ghad	gh	90	Օ	օ	Aipun	o	10000
Ճ	ճ	Dshe	dsh engl. g	100	Ֆ	ֆ	Fe	f	20000

Ligaturen.

հն hn	լս ls	մե me	մի mi	մն mn
և jew	լու lu	մղ mg	մխ mj	վն wn

Accente und Interpunktionen.

՛ Acut.	՚ Apostroph.	՟ Zeichen der Länge.
՝ Gravis.	, Komma.	՞ Zeichen der Kürze, auch Abbreviationszeichen.
՞ Circumflex.	։ Kolon oder Semikolon.	՟ Abbreviationszeichen, auch bildet es den Buchstaben zum Zahlzeichen.
ՙ Spiritus asper.	. oder ։ Punkt.	
՚ Spiritus lenis.	֊ Divis.	

Georgisch.

Die Georgische Sprache wird mit zwei, der äusseren Gestalt nach sehr verschiedenen Alphabeten geschrieben. Die eine Schriftform führt den Namen *Khuzuri*, d. h. die priesterliche, sie ist die ältere, in Inschriften, der Bibel und andern zum Gottesdienst bestimmten Büchern gebräuchliche; die andere Schrift heisst *Mkhedruli*, sie ist die Schrift des bürgerlichen Verkehrs und die gewöhnliche Druckschrift.

Khuzuri.				Mkhedruli.					
Figur	Bedeutung	Figur	Bedeutung	Figur	Benennung	Bedeutung	Figur	Benennung	Bedeutung
Ⴀ ⴀ	a	Ⴑ ⴑ	s	ა	an	a	უ	un	u
Ⴁ ⴁ	b	Ⴒ ⴒ	t	ბ	ban	b	უ		w
Ⴂ ⴂ	g	Ⴓ ⴓ	u	გ	gan	g	ჳ	vi	vi
Ⴃ ⴃ	d	Ⴣ ⴣ	wi	დ	don	d	ფ	phar	ph
Ⴄ ⴄ	e	Ⴔ ⴔ	p'h	ე	eni	e	ქ	khan	kh (weich)
Ⴅ ⴅ	w. v	Ⴕ ⴕ	k	ვ	win	w	ღ	ghan	gh
Ⴆ ⴆ	z (weich)	Ⴖ ⴖ	gh	ზ	sen	s (weich)	ყ	qar	q
Ⴡ ⴡ	h, ē (stumm)	Ⴗ ⴗ	q	ჱ	he	e	შ	schin	sch
Ⴇ ⴇ	th	Ⴘ ⴘ	sch	თ	than	th (weich)	ჩ	tschin	tsch
Ⴈ ⴈ	i	Ⴙ ⴙ	tsch	ი	in	i	ც	tsan	ts
Ⴉ ⴉ	k	Ⴚ ⴚ	ts	კ	•kan	k	ძ	dsil	ds
Ⴊ ⴊ	l	Ⴛ ⴛ	ds	ლ	las	l	წ	tsil	z (hart)
Ⴋ ⴋ	m	Ⴜ ⴜ	ths	მ	man	m	ჭ	dschar	dsch
Ⴌ ⴌ	n	Ⴝ ⴝ	kh	ნ	nar	n	ხ	khan	kh (hart)
Ⴢ ⴢ	i (verkürzt)	Ⴞ ⴞ	khh	ჲ	ie	i (kurz)	ჴ	khhar	khh (sehr hart)
Ⴍ ⴍ	o	Ⴤ ⴤ	dj	ო	on	o	ჯ	dschan	dsch (weich)
Ⴎ ⴎ	p	Ⴟ ⴟ	h (stumm)	პ	par	p	ჰ	hae	h
Ⴏ ⴏ	j	Ⴠ ⴠ	ho	ჟ	schan	sch (weich)	ჵ	hoe	hoi
Ⴐ ⴐ	r	Ⴥ ⴥ	tsch	რ	rae	r	ჶ	fa	f
				ს	san	s (scharf)	ჷ	flüchtiges e	
				ტ	tan	t			

Interpunktionen.

- ‐ Bindestrich.
- ⁚ Ende einer längern Periode.
- : Entspricht unserm Punkt.
- . Entspricht unserm Semikolon.

Komma.

Griechisch.

Figur		Benennung	Bedeutung
Α	α	Alpha	a
Β	β	Beta	b
Γ	γ	Gamma	g
Δ	δ	Delta	d
Ε	ε	Epsīlon	e kurz
Ζ	ζ	Zeta	ds
Η	η	Eta	e lang
Θ	ϑ θ	Theta	th
Ι	ι	Iota	i
Κ	ϰ	Kappa	k
Λ	λ	Lambda	l
Μ	μ	My	m
Ν	ν	Ny	n
Ξ	ξ	Xi	x
Ο	ο	Omīkron	o kurz
Π	π	Pi	p
Ρ	ρ	Rho	r
Σ	σ ς	Sigma	s
Τ	τ	Tau	t
Υ	υ	Ypsīlon	ü
Φ	φ	Phi	f ph
Χ	χ	Chi	ch
Ψ	ψ	Psi	ps
Ω	ω	Omĕga	o lang

Bemerkungen.

γ lautet vor einem andern γ und vor den übrigen Gaumenbuchstaben (ϰ, χ, ξ) wie ng. z. B. ἐγγύς, eng-güs.

ι ist blos der Vokal i, nicht der Konsonant j. z. B. Ἰωνία sprich I-onia. Doch bedienten sich die Griechen desselben in fremden Namen statt des ihnen fehlenden Lautes j. z. B. Ἰούλιος, Julius.

σ, unser ß, steht blos vorn und in der Mitte und ς blos am Ende der Wörter, bei einigen Neueren auch am Ende der Sylben.

τ vor ι und folgendem Vokal darf nicht wie z ausgesprochen werden, also Γαλατια Galatia, nicht Galazia.

υ immer wie ü, nicht wie i.

Accente und Interpunktionen

Spiritus.

Jedes griechische Wort, das mit einen Vokal anfängt, hat über demselben eines dieser beiden Zeichen:

ʼ Spiritus lenis, gelinder Hauch.
ʽ Spiritus asper, rauher Hauch.

Der Spiritus asper ist unser h, der Spiritus lenis steht, wo unsere Sprachen das Wort mit dem blossen Vokale anfangen lassen. — Kommt der Spiritus auf einen Diphthong (αι, ει, οι, υι, αυ, ευ, ηυ, ου, ωυ) zu stehen, so wird er, sowie auch die Accente, auf den zweiten Buchstaben gesetzt, z. B. αὗτος, οἷος, εἰκών. Doch gilt dies nicht von den uneigentlichen Diphthongen (ᾳ ῃ ῳ). z. B. ᾞΑιδης (ᾇδης). Der Spiritus asper steht auch auf jedem ρ, womit ein Wort anfängt, und zwei ρ in der Mitte werden ῤῥ bezeichnet.

Accente.

Jedes griechische Wort hat auf einem seiner Vokale einen der drei folgenden Accente:

ˊ Akutus, scharfer oder heller Ton.
ˋ Gravis, schwerer Ton.
˜ Cirkumflex, gewundener oder geschleifter Ton.

Mit dem Spiritus lenis oder asper, oder der Diäresis verbundene Accente sind:

῎ ῍ ῞ ῝ ῏ ῟ ΐ ΰ

Unterscheidungs- und andere Zeichen.

Punktum und Komma hat die griechische Schrift mit unseren Sprachen gemein. Unser Semikolon ist im Kolon mitbegriffen, welches durch einen Punkt oberhalb (·) bezeichnet wird. Das Fragezeichen ist ; — In einigen neuern Ausgaben hat man auch unser Ausrufungszeichen (!) eingeführt.

Das Komma dient auch dazu, um zwei gleichlautende Wörter zu unterscheiden (z. B. ὅ,τι, τό,τε von den Partikeln ὅτι, τότε) und heisst dann Diastole oder Hypodiastole.

Zeichen, die sich blos auf Buchstaben und Sylben beziehen, sind noch: der Apostroph ('), das Zeichen der Diäresis (¨) über einem Vokal, der mit dem vorhergehenden keinen Diphthong bilden soll, und die Koronis (ʼ) bei zusammengezogenen Wörtern, z. B. τοὐναντίον für τὸ ἐναντίον.

Iota subscriptum heisst das Häkchen unter folgenden drei Buchstaben: ᾳ ῃ ῳ, und dient blos zur Erkennung der Ableitung, war ursprünglich aber auch in der Aussprache bemerklich. Die Alten schrieben es ebenfalls in die Reihe und bei Versalien ist dies auch jetzt noch gebräuchlich, z. B. ΤΗΙ ΣΟΦΙΑΙ (τῇ σοφιᾳ), Ἅιδης (ᾅδης).

Zahlzeichen.

Die Griechen bedienten sich ihres Alphabets auch zu Zahlzeichen, schalteten aber, um auszureichen, nach dem ε noch das ς (Βαῦ, Vau) oder auch Ϝ (Digamma), nach dem π das Ϟ (Κόππα) und nach dem ω das ϡ (Σαμπῖ) ein. Alle Zahlen haben zum Kennzeichen oben einen Strich, auf diese Art: α' 1, β' 2, ς' 6, ι' 10, ια' 11, ϰ' 20, ϰς' 26, ρ' 100, σ' 200, σλβ' 232 etc. Die Tausende fangen wieder von α an, aber mit einem Striche unterhalb: ͵α 1000, ͵βσλβ' 2232 etc.

Griechische Ligaturen und Abbreviaturen.

Nur zur Erklärung bei alten griechischen Druckwerken sind diese Ligaturen hier angeführt: in Anwendung kommen solche nicht mehr.

αι	εἶναι	ου	στι
αν	ἐκ	οὐδὲ	στο
αλ	ελ	οὐκ	στρ
αλλ	ελλ	οὐτοῦ	στυ
ἄν	ἔλαττον	π	στω
ἀπο	ἐν	παρὰ	συ
ἀρ	εξ	πει	σω
ας	ἐπειδὴ	περ	τ
αὐ	ἐπευ	περὶ	τα
αὐτοῦ	ἐπὶ	πην	ται
αὐτῷ	ἐπι	ππ	ταῖς
β	ἐστι	πρ	ταῦτα
γ	ευ	προ	τει
γα	ην	πτ	την
γὰρ	θ	πυ	τὴν
γγ	θα	πω	τῆς
γγ	θε	ρα	τι
γε	θει	ρι	το
γει	θη	ρο	το
γελ	θι	σ	τὸ
γελλ	θο	σα	τὸν
γεν	θυ	σαῦτα	του
γερ	θω	σε	τοῦ
γη	καὶ	σει	τοῦ
γι	καὶ	ση	τοῦ
γίνεται	καὶ	σην	τρο
γν	κατὰ	σθ	ττ
γο	κατὰ	σθαι	τυ
γρ	κεφάλαιον	σχ	τῳ
γυ	λλ	σι	τῷ
γω	μάτων	σκ	τῶν
δ	μὲν	σο	τῶν
δὲ	μὲν	σο	ῦ
δευ	μένος	σπ	υι
δεξ	μετὰ	σπαν	υν
δια	μετὰ	σσ	ὑπ
διὰ	μῶν	σι	ὑπο
δρ	οἷον	σια	χαν
ει	ος	στε	χι
ει		στει	χρ
		στη	ψι

Neugriechisch.

Die neugriechische Sprache hat 24 Buchstaben, nämlich 7 Vokale und 17 Consonanten. Diese Buchstaben, dem Altgriechischen entlehnt, sind folgende:

Α α, Β β, Γ γ, Δ δ, Ε ε, Ζ ζ, Η η, Θ ϑ, Ι ι, Κ ϰ, Λ λ, Μ μ, Ν ν, Ξ ξ, Ο ο, Π π, Ρ ρ, Σ σ (am Ende eines Wortes ς), Τ τ, Υ υ, Φ φ, Χ χ, Ψ ψ, Ω ω.

Vokale sind α, ε, η, ι, ο, υ und ω; die übrigen Buchstaben sind Consonanten.

Aussprache.

Α α *(Alpha)* wird, wie das deutsche *a*, bald lang, bald kurz ausgesprochen.

Β β *(Wita)* ist etwas weicher als das deutsche *b*; es ähnelt dem spanischen und portugiesischen *b*; z. B. βιβάρι (spr. *wiwari*).

Γ γ *(Gamma)*, das deutsche *g*. — Von zwei auf einander folgenden γ wird das erste wie ein nasales *n* gesprochen; z. B. ἄγγελος (spr. *angjelos*). Ebenso klingt das γ vor den drei andern Gaumenlauten ϰ, ξ und χ; z. B. ἀνάγκη (spr. *anangki*). — Vor ε, ι und υ klingt γ wie *j*; z. B. γίγας (spr. *jigas*). — Γϰ am Anfange gewisser Fremdwörter wird wie das hart lautende *g* oder das ital. *gh* vor *e* und *i* ausgesprochen: z. B. γκουστέρα (spr. *gustera*).

Δ δ *(Delta)*, das deutsche *d*, aber viel weicher und fast so gelispelt wie das englische *th* in: *the, this*.

Ε ε *(Epsilon)*, das kurze deutsche *e*.

Ζ ζ *(Sita)* klingt wie das weiche französische *z*; z. B. ζωή (spr. *soï*).

Η η *(Ita)* ist das deutsche *i*.

Θ ϑ *(Shita)* wird wie ein aspirirtes *s* gleich dem englischen *th* in *thing*, *through* ausgesprochen.

Ι ι *(Iota)* ist unser *i*. Auch vor Vokalen wird es ebenso wenig wie im Altgriechischen als Consonant ausgesprochen; so z. B. klingt Ἰούνιος nicht wie *junios*, sondern wie *iunios*. — Wenn es unter den Vocalen α, η und ω in folgender Form steht: ᾳ, ῃ, ῳ (bei den grossen Buchstaben aber daneben: Αι, Ηι, Ωι), so wird es nicht ausgesprochen und die Sylbe nur länger gedehnt als sie ist. Die Grammatiker nennen dieses ι ein *iota subscriptum*.

Κ ϰ *(Kappa)* entspricht gänzlich unserm *k*; nur wird es vor den hellen Vokalen immer herausgestossen, als ob ein *i*-Laut darauf folgte.

Λ λ *(Lamwda)* wie unser *l*.

Μ μ *(Mi)* ist unser *m*. Wenn es aber vor π steht, so werden beide Buchstaben wie das deutsche *b* ausgesprochen; z. B. μπαρούτι (spr. *baruti*). Dieses μπ dient dazu, das nicht gewöhnliche *b* auszudrücken, da das β ein weicher Buchstabe und gleichsam ein Halbvokal ist. Das *b* (μπ) findet sich nur in Fremdwörtern, welche in die neugriechische Sprache aufgenommen sind. Wenn μ und π aber so zusammenkommen, dass μ den Endbuchstaben einer Sylbe und π den Anfangsbuchstaben der nächstfolgenden bilden, so werden sie getrennt ausgesprochen: z. B. ἐμπύρευμα (spr. *empirewma*).

Ν ν *(Ni)* ist unser *n*. Vor τ bildet es mit demselben zusammen das deutsche *d*, welches etwas härter klingt als das δ; z. B. ντιβάνι (spr. *diwani*). — Vor τζ stehend bildet es mit diesem den Laut *dsch*; z. B. ντζάμι (spr. *dschami*). — Dass, wenn ντ Anfangs- und Endbuchstaben verschiedener Sylben sind, wieder wie *nt* ausgesprochen werden, versteht sich von selbst; z. B. ἔντιμος (spr. *entimos*).

Ξ ξ *(Xi)* ist unser *x*.

Ο ο *(Omikron)* ist unser kurzes *o*.

Π π *(Pi)* ist unser deutsches *p*.

Ρ ρ *(Ro)* ist unser *r*. Wenn es verdoppelt dasteht, so wird es scharf ausgesprochen.

Σ σ ς *(Sigma)* ist ein scharfes und zischendes *s*; vor μ in der Mitte der Wörter weich. — στ wird oft mit dem Zeichen ϛ *(Stigma)* geschrieben.

Τ τ *(Taw)* ist unser *t*. — τζ klingt zuweilen wie *tz*, gewöhnlich wie *tsch*; z. B. τζελεπής (spr. *tschelepis*). Die Wörter mit τζ sind meist fremden Sprachen entlehnt.

Υ υ *(Ypsilon)* wird von den Neugriechen nicht wie *ü*, sondern wie *i* gesprochen: z. B. τρυβλίον (spr. *triwlion*).

Φ φ *(Phi)* ist unser *f* oder *ph*.

Χ χ *(Chi)* entspricht dem deutschen *ch*. Wenn ein Consonant oder ein *a*-, *o*- und *u*-Laut folgt, so klingt das χ wie das deutsche *ch* in *machen*; wenn aber ein *e*- oder *i*-Laut folgt, so tönt es wie *ch* in *sprechen*.

Ψ ψ *(Psi)*, ein Doppelconsonant wie ζ und ξ, wird wie *ps* ausgesprochen, aber sehr scharf.

Ω ω *(Omega)* ist das lange *o*.

Doppellaute sind αι, αυ, ει, ευ, ηυ, οι und ου (ȣ). Diese werden wie folgt ausgesprochen: αι wie *ä*; αυ wie *aw* vor Vokalen, den weichen Lauten γ, δ und den flüssigen λ, μ, ν, ρ, vor allen andern wie *af*; ει wie *i*; ευ wie *ew* oder *ef* (s. αυ); ηυ wie *iw* oder *if*; οι wie *i* und ου wie *u*.

Wenn auf dem zweiten Vokal der Doppellaute die Trennungspunkte stehen, so tritt jeder Vokal in sein natürliches Recht und αϊ, αϋ, εϊ, εϋ u. s. w. werden *a-i*, *e-i* (getrennt) ausgesprochen.

Spiritus und Ruhezeichen.

Die neugriechische Sprache hat wie die altgriechische zwei Hauchzeichen für Wörter, die mit Vokalen anfangen, nämlich den milden Hauch, *spiritus lenis* (᾿), welcher im Lesen gar nicht gehört wird, und den rauhen Hauch, *spiritus asper* (῾), welcher im Altgriechischen wie unser *h* klingt, im Neugriechischen aber unhörbar ist; daher klingt ἐν gleich mit ἓν. — Der Buchstabe ρ hat immer am Anfange des Wortes den *spiritus asper* über sich. Wenn zwei ρ zusammenstehen, so hat das erste den *spiritus lenis*, das andere den *spiritus asper* (ῤῥ).

Die Ruhezeichen im Satze heissen: τελεία, *Punkt* (.), μεσοστιγμή, *Kolon* (·), ὑποστιγμή oder ὑποδιαστολή, *Komma* (,), σημεῖον ἐρωτήσεως, *Fragezeichen* (;). Das *Ausrufungszeichen* (!) oder σημεῖον ἐκφωνήσεως benutzen die Griechen fast nie.

Diesen Zeichen ist noch der *Apostroph* und die *Diäresis* hinzuzufügen. Der Apostroph zeigt an, dass ein oder mehrere Vokale weggefallen sind, und wird durch das Zeichen ᾿ ausgedrückt; z. B. ἀπ' ἐμένα, ἀφ' ἡμᾶς statt ἀπὸ ἐμένα, ἀπὸ ἡμᾶς. Oft wird auch ein Vokal, ohne vor einem andern zu stehen, weggelassen; z. B. ἀπ' τό für ἀπό τό.

In den Wörtern κἄν (für καὶ ἄν) und κἄνένας (für καὶ ἄν ἕνας) u. s. w. bedeutet das Zeichen ᾿ die Mischung der Vokale (κρᾶσις) und heisst *Koronis*. Man findet dieses Zeichen auch im Neugriechischen sehr oft bei Zusammenziehungen: z. B. μοὔκοψαν τό χέρι.

Das Trennungszeichen ¨ *(Diäresis)* tritt über zwei Vokale, welche nicht in einen Laut zusammenfliessen sollen, z. B. μποϊαντζῆς wird *boïandschis* gelesen.

Ein anderes Trennungszeichen ist die dem Komma gleichende *Diastole* (,), welche gebraucht wird, um das Pronomen ὅ,τι und τό,τε von der Conjunction ὅτι und dem Adverbium τότε zu unterscheiden.

Accente.

Die Neugriechen haben drei verschiedene Accente zur Bezeichnung der Betonung, nämlich den *Circumflex* (περισπωμένη) ῀ für den langen, den *Acutus* (ὀξεῖα) ´ für den scharfen Ton und den *Gravis* (βαρεῖα) ` für den schweren Ton der Schlusssylben vor andern Wörtern.

Manche einsylbige Wörter haben gar keinen Accent: diese nennt man tonlose (ἄτονα).

Der Circumflex kann nur auf der letzten und vorletzten Sylbe eines Wortes stehen; wenn die letzte Sylbe aber einen langen Vokal hat, so darf die vorletzte nie den Circumflex haben. Wenn der Circumflex auf einem einsylbigen Worte oder auf der letzten Sylbe eines Wortes steht, so heisst dasselbe ein *perispomenon*; wenn er auf der vorletzten steht, ein *properispomenon*.

Der Acutus kann nur auf der vor- und drittletzten Sylbe stehen, auf der letzten aber nur am Schlusse einer Periode oder wenn ein enklytisches Wort (d. h. ein solches, welches geneigt ist seinen Accent auf das vorhergehende zu übertragen, wie z. B. μοῦ, μοί, μέ, μᾶς) darauf folgt. Wenn die letzte Sylbe lang ist, kann der Acutus nicht bis auf die drittletzte zurückgehen; doch findet man diese Regel zuweilen vernachlässigt.

Steht der Acutus auf einem einsylbigen Worte oder auf der letzten Sylbe eines Wortes, so heisst dieses ein *oxytonon*; steht er auf der vorletzten, ein *paroxytonon*, und wenn er auf der drittletzten steht, ein *proparoxytonon*.

Cyrillisch.

Auf Grundlage der ältesten Handschriften nach Angabe und unter Aufsicht des k. k. Bibliothekars Dr. Paul Jos. Schafarik geschnitten in der Schriftschneiderei von Gottlieb Haase Söhne in Prag.

Figur	Benennung	Bedeutung	Figur	Benennung	Bedeutung
А а	Az	a	Ф ф	Fert	f, ph
Б б	Buky	b	Х х	Chěr	ch
В в	Vědi	v	Ѡ ѡ	Ó	ó
Г г	Glagol'	g	Ѿ ѿ	Ot	ot
Д д	Dobro	d	Ц ц	Ci	c
Є є	Est'	e	Ч ч	Červ'	č
Ж ж	Živěte	ž	Ш ш	Ša	š
Ѕ ѕ	Zělo	z	Щ щ	Šta	št, šč
Ꙁ ꙁ	Zemlja	z	Ъ ъ	Jer	—
И и	Iže	i	Ꙑ ꙑ	Jery	y
Ї ї	I	i	Ы ы	Jery	y
І і	I	i, j	Ь ь	Jerek	—
К к	Kako	k	Ѣ ѣ	Jeť	ě
Л л	Ljudi	l	Ю ю	Ju	ju
М м	Myslite	m	Ꙗ ꙗ	Ja	ja
Н н	Naš	n	Ѥ ѥ	Je	je
О о	On	o	Ѧ ѧ	Ęs	ę
П п	Pokoj	p	Ѫ ѫ	Ąs	ą
Р р	Rci (Reci)	r	Ѩ ѩ	Jęs	ję
С с	Slovo	s	Ѭ ѭ	Jąs	ją
Т т	Tverdo	t	Ѯ ѯ	Ksi	x
Ћ ћ	Těrv'	ť	Ѱ ѱ	Psi	ps
Оу оу	Uk	u	Ѳ ѳ	Thita	th
Ꙋ ꙋ	Uk	u	Ѵ ѵ	Ižica	y

Zahlwerth und Zahlzeichen.

·А·	·Б·	·Г·	·Д·	·Є·	etc.	·АІ·	·БІ·	·ГІ·	·ДІ·	·ЄІ·	etc.	·КА·	·КБ·	·КГ·	·КД·	·КЄ·	etc.
1	2	3	4	5		11	12	13	14	15		21	22	23	24	25	

ꙋ = Ѕ = 6 ҁ = Ч = 90 ҂ = 1000, z. B. ·҂ЅТҀЅ· = 6396.

Abbreviaturen (slawisch Titly).

Titla (einfache). Glagol'-Titla. Oneček.

Dobro-Titla. Slovo-Titla. Pajerek.

Anmerkungen.

1) Ueber die Geltung und Aussprache der accentuirten lateinischen Buchstaben gibt das polnische und böhmische Alphabet genügende Auskunft.

2) Die Benennungen erscheinen hier nach guten alten Quellen berichtigt und in Bezug auf die Nasallaute vervollständigt.

3) Die Schrift ist berechnet, um ohne Abbreviaturen zu drucken, welche, als ein Ueberrest des Mittelalters, den Kirchenbüchern überlassen bleiben, und hier nur noch historisch angeführt sind. Das «Pajerek» oder After-Jerek ist ein über den Buchstaben gesetztes Jer oder Jerek.

4) Der Zahlwerth der Buchstaben wird, nach dem Beispiel einiger alten Handschriften, durch Einfassung derselben zwischen zwei Punkte angedeutet, mit Beseitigung der früher üblichen einfachen Titla.

Glagolitisch.

Nach den ältesten Handschriften (sec. XI—XII) gezeichnet von Dr. PAUL JOS. SCHAFARIK, geschnitten in der Schriftschneiderei von GOTTLIEB HAASE SÖHNE in Prag.

Figur		Benennung	Bedeutung Cyrill.	Bedeutung Latein.	Zahlwerth
Ⰰ	ⰰ	Az	а	a	1
Ⰱ	ⰱ	Buky	б	b	2
Ⰲ	ⰲ	Vědi	в	v	3
Ⰳ	ⰳ	Glagol'	г	g	4
Ⰴ	ⰴ	Dobro	д	d	5
Ⰵ	ⰵ	Esť	є	e	6
Ⰶ	ⰶ	Živěte	ж	ž	7
Ⰷ	ⰷ	Zělo	ѕ	z	8
Ⰸ	ⰸ	Zemlja	ꙁ	z	9
Ⰺ	ⰺ	Iže	и	i	10
Ⰹ	ⰹ	I	і	i	20
Ⰼ	ⰼ	Děrv' o. Jot	ђ. і	dj. j	30
Ⰽ	ⰽ	Kako	к	k	40
Ⰾ	ⰾ	Ljudi	л	l	50
Ⰿ / Ⱞ	ⰿ / ⱞ	Myslite	м	m	60
Ⱀ	ⱀ	Naš	н	n	70
Ⱁ	ⱁ	On	о	o	80
Ⱂ	ⱂ	Pokoj	п	p	90
Ⱃ	ⱃ	R'ci	р	r	100
Ⱄ	ⱄ	Slovo	с	s	200
Ⱅ	ⱅ	Tvr'do	т	t	300

Figur		Benennung	Bedeutung Cyrill.	Bedeutung Latein.	Zahlwerth
Ⱆ	ⱆ	Uk	оу	u	400
Ⱇ / Ⱚ	ⱇ / ⱚ	Fert	ф	f. ph	500
Ⱈ	ⱈ	Chěr	х	ch	600
Ⱉ	ⱉ	Ó	ѡ	ó	700
Ⱋ	ⱋ	Šta	щ	št	800
Ⱌ	ⱌ	Ci	ц	c	900
Ⱍ	ⱍ	Červ'	ч	č	1000
Ⱎ	ⱎ	Ša	ш	š	
Ⱏ	ⱏ	Jer	ъ	o/e	
ⰟⰊ	ⱏⰺ	Jery	ꙑ	y	
Ⱐ / I	ⱐ / ı	Jerek	ь	e/i	
Ⱑ	ⱑ	Jeť	ѣ	ě, ja	
Ⱓ	ⱓ	Ju	ю	ju	
Ⱔ	ⱔ	Es	ѧ	ę	
Ⱘ	ⱘ	As	ѫ	ą	
Ⱗ	ⱗ	Jes	ѩ	ję	
Ⱙ	ⱙ	Jas	ѭ	ją	
Ⱚ	ⱚ	Thita	ѳ	th	
Ⱛ	ⱛ	Ižica	ѵ	y	

Anmerkungen.

1. Der Buchstab Jery wird aus den zwei einfachen Jer und Iže zusammengesetzt.
2. Die Buchstaben Ⰿ—Ⱞ und Ⱐ—I sind echte Doubletten, und zwar sind Ⰿ und Ⱐ den bulgarischen, Ⱞ und I den kroatischen Handschriften eigen; Ⱚ aber ist eine unechte Doublette von Ⱇ, da es eigentlich das für ф verwendete ѳ ist.
3. Die Schrift ist eingerichtet, um ohne Abbreviaturen zu drucken, welche den Kirchenbüchern überlassen bleiben.
4. Der Zahlwerth der Buchstaben wird durch Einschliessung derselben zwischen zwei Punkte angedeutet: ·ⰰ· ·ⰱ· u. s. w.
5. Über die Geltung und Aussprache der accentuirten lateinischen Buchstaben gibt das böhmische und polnische Alphabet nähere Auskunft.

Kroatisch-Glagolitisch.

Nach kroatischen Handschriften und Drucken gezeichnet von Dr. Paul Jos. Schafarik, geschnitten in der Schriftschneiderei von Gottlieb Haase Söhne in Prag.

Figur	Benennung	Bedeutung	Zahlwerth
Ⰰ ⰰ	Az	a	1
Ⰱ ⰱ	Buky	b	2
Ⰲ ⰲ	Vědi	v	3
Ⰳ ⰳ	Glagol'	g	4
Ⰴ ⰴ	Dobro	d	5
Ⰵ ⰵ	Est'	e	6
Ⰶ ⰶ	Živěte	ž	7
Ⰷ ⰷ	Zělo	z	8
Ⰸ ⰸ	Zemlja	z	9
Ⰹ ⰹ	Iže	i	10
Ⰻ ⰻ	I	i	20
Ⰼ ⰼ	Děrv' / č. Jot	dj, j	30
Ⰽ ⰽ	Kako	k	40
Ⰾ ⰾ	Ljudi	l	50
Ⰿ ⰿ	Myslite	m	60
Ⱀ ⱀ	Naš	n	70
Ⱁ ⱁ	On	o	80
Ⱂ ⱂ	Pokoj	p	90
Ⱃ ⱃ	R'ci	r	100
Ⱄ ⱄ	Slovo	s	200
Ⱅ ⱅ	Tvr'do	t	300

Figur	Benennung	Bedeutung	Zahlwerth
Ⱆ ⱆ	Uk	u	400
Ⱇ ⱇ	Fert	f, ph	500
Ⱈ ⱈ	Chěr	ch	600
Ⱉ ⱉ	Ó	ó	700
Ⱋ ⱋ	Šta	št	800
Ⱌ ⱌ	Ci	c	900
Ⱍ ⱍ	Červ'	č	1000
Ⱎ ⱎ	Ša	š	
Ⱏ ⱏ	Jer	o — e	
Ⱏ ⱏ			
ⰟⰋ ⱏⰻ	Jery	y	
ⰟⰉ ⱏⰹ			
Ⱐ ⱐ	Jerek	e — i	
Ⱐ ⱐ			
Ⱑ ⱑ	Jet'	ě, ja	
Ⱓ ⱓ	Ju	ju	
Ⱔ ⱔ	Ęs	ę	
Ⱘ ⱘ	Ąs	ą	
Ⱗ ⱗ	Jęs	ję	
Ⱙ ⱙ	Jąs	ją	
Ⱚ ⱚ	Thita	th	
Ⱛ ⱛ	Ižica	y	

Anmerkungen.

1. Die Schrift ist eingerichtet, um ohne Abbreviaturen zu drucken, welche den Kirchenbüchern überlassen bleiben.
2. Der Zahlwerth der Buchstaben wird durch Einschliessung derselben zwischen zwei Punkte angedeutet: .ⰰ. .ⰱ. u. s. w.
3. Zur Interpunktion dienen die gewöhnlichen Zeichen.
4. Die Buchstaben ⱔ, ⱘ, ⱗ und ⱙ. die Figuren ⱏ und ⱐ und die Combination ⱏⰻ und ⱏⰹ kommen nur in alten bulgarischen. die Ligatur [illegible] für ⱁⱁ nur in alten kroatischen Handschriften vor.
5. Ueber die Geltung und Aussprache der accentuirten lateinischen Buchstaben gibt das böhmische und polnische Alphabet nähere Auskunft.

Russisch.

Figur Antiqua	Figur Cursiv	Benennung	Bedeutung
А а	*А а*	As	a
Б б	*Б б*	Buki	b
В в	*В в*	Wjedi	w ff
Г г	*Г г*	Glagol	g gh
Д д	*Д д ∂*	Dobro	d
Е е	*Е е*	Jest	e je ö o
Ж ж	*Ж ж*	Shiwete	sch sh
З з	*З з*	Semla	s weich
И Й и й	*И Й и й*	Ische	i
І і ї	*І і ї*	I	i
К к	*К к*	Kako	k ck
Л л	*Л л*	Ljudi	l
М м	*М м*	Muislete	m
Н н	*Н н*	Nasch	n
О о	*О о*	On	o a
П п	*П п*	Pakoi	p
Р р	*Р р*	Rzui	r
С с	*С с*	Slowo	ss scharf
Т т m	*Т т m*	Twerdo	t
У у	*У у*	U	u
Ф ф	*Ф ф*	Fert	ph f
Х х	*Х х*	Cherr	ch chch
Ц ц	*Ц ц*	Zui	z
Ч ч	*Ч ч*	Tscherw	tsch
Ш ш	*Ш ш*	Scha	sch
Щ щ	*Щ щ*	Schtscha	schtsch
Ъ ъ	*Ъ ъ*	Jerr	macht hart
Ы ы	*Ы ы*	Jerui	ui i dumpf
Ь ь	*Ь ь*	Jer	macht weich
Ѣ ѣ	*Ѣ Ѣ ѣ*	Jat	ä je jä
Э э	*Э э*	E	e
Ю ю	*Ю ю*	Ju	ju u
Я я	*Я я*	Ja	ä ja
Ѳ ѳ	*Ѳ ѳ*	Fita	f
Ѵ ѵ	*Ѵ ѵ*	Ischiza	y w

Bemerkungen

Das russische Alphabet besteht aus 35 Buchstaben. — Das slawonische Alphabet in den Kirchenbüchern und alt-russischen Schriften enthält einige Buchstaben mehr:

ѕ *(Selo) s*, ȣ oder Ȣ *(Ik) u*, ѡ *(Ol) o*, ѫ *(Juss) ю*, ѿ *(O) ó*, ѯ *(Ksi) x*, ѱ *(Psi) ps*.

In dieser Anzahl werden die Buchstaben auch in den Kirchenbüchern als Zahlen gebraucht, und zwar in der Ordnung wie bei den Griechen. Das Zahlzeichen ist ҃ über dem Buchstaben.

А lautet wie *a* im Deutschen.

Б wie *b*, nur vor einem Consonanten und am Ende wird es oft wie ein *p* ausgesprochen.

В 1) weich wie *w* im Anfange einer Sylbe und vor л н р; 2) hart wie *ff* oder *ph* am Ende und vor einem harten Consonanten.

Г 1) wie ein echtes *g*, aber nicht mit *ch* oder *j* verwechselt; 2) am Ende vor ъ und nach einem gedehnten Vokale klingt es wie к; 3) in der Adjectiv- und Pronominalendung auf го wird es im gemeinen Leben wie *w* ausgesprochen und im niedern Styl, auch im Schreiben bisweilen damit vertauscht; 4) in der Kirchensprache geht es bisweilen ganz in *h* oder *gh*, durch die Kehle gesprochen, über.

Д wie unser *d*.

Е hat eine fünffache Aussprache: 1) als ob ein *j* davor stände, lautet es wie *je*, *jö* oder *jo*: *a)* im Anfange eines Wortes, *b)* nach einem Vokale und nach д und т. 2) Als *ö* lautet es: *a)* wenn es den Ton hat und vor einem Consonanten, nach welchem ein hartes а о у ы oder ъ folgt; *b)* vor г к х ж ч ш. 3) Als *o* tönt es in den obigen Fällen von Nr. 2 nach den Buchstaben ж ц ч ш щ. (Wenn е als *o* oder *ö* gelesen werden soll, setzen Einige über dasselbe ein Trema ё.) 4) Als *e* lautet es: *a)* wenn es vor einem Consonanten steht, nach welchem ein е и ь ѣ ю oder я folgt, obgleich es den Ton hat; *b)* wenn es unmittelbar vor е ѣ и ю und я steht: *c)* vor ц und щ; *d)* in dem Adverbium не und den damit zusammengesetzten Wörtern; *e)* vor der Endung der Possessiv-Adjectiva auf скій; *f)* in den Wörtern, welche nur im höhern slawonischen Style gebräuchlich sind. Es unterscheidet sich aber auch dieses russische е von dem deutschen dadurch, dass es gewöhnlich Jodartig klingt. 5) Als ein kurzes dumpfes *e* klingt es, und wird oft selbst verschluckt, wie das *e* in *muet* der Franzosen, wenn es ohne allen Ton ist.

Ж und Ш, beide Buchstaben bedeuten *sch*, ersteres sehr gelind, nicht zischend, wie *j* der Franzosen.

З ist ein weiches *s*, С ein scharfes, sie unterscheiden sich wie ſ und ß in Buſen und Buße.

И u. І, die Aussprache beider ist *i*: ihr Unterschied ist blos orthographisch, und zwar folgender: nie wird vor einem Vokal ein doppeltes *u*, sondern immer nur ein einfaches, mit einem oder bisweilen auch zwei Punkten gesetzt: і ї.

Russisch.

Bemerkungen

К lautet wie *k*; am Ende aber, wenn es nicht gedehnt, sondern geschärft wird, tönt es wie *ck*.

Л im Anfange und vor е о и wie *l*; sehr oft aber steht am Ende лъ und dann ist л sehr hart.

М und Н wie *m* und *n*.

О 1) wie *o* wenn es den Ton hat und am Ende der Wörter; 2) wie *a*, besonders im gemeinen Leben, wenn es den Ton nicht hat.

П Р Т У wie im Deutschen.

Ф wie *f* oder *ph*.

Х schärfer als *ch*, etwa wie *chch*, (wie das hebräische *Caph*).

Ц ein harter Zungen- und Sauselaut, wie *ts*.

Ч ein aus *t*, *s* und *ch* zusammengesetzter Zischlaut. Sehr scharf tönt er im Anfange, weniger scharf am Ende der Wörter.

Щ der zusammengesetzteste und stärkste unter den Zischlauten, nämlich ein шч oder *schtsch*. Am schwersten ist er zu Anfange oder am Ende auszusprechen; in der Mitte eines Wortes muss man ihn zu theilen suchen, wie нищи (*isch-tschi*).

Ъ und Ь, das erstere befindet sich immer nur am Ende einer Sylbe oder eines Wortes, das sich mit einem Consonanten endigt, und zeigt an, dass die Sylbe hart ausgesprochen werden soll. Das ь dagegen hat den Zweck, die Sylbe, hinter welcher es sich befindet, weich zu machen; in der Mitte steht es gewöhnlich zwischen zwei Consonanten und lautet dann wie ein halbes *i*.

Ы der allerschwerste Buchstabe im Russischen. Am ähnlichsten kommt er dem Tone *ui*, wenn man diese Buchstaben als einen einzigen groben, kurzen und dumpfen Laut ausspricht.

Ѣ klingt wie *je* im Anfange, wie *ä* in der Mitte, wie *é fermé* der Franzosen am Ende eines Wortes.

Э das sogenannte umgekehrte е wird nur im Anfange derjenigen Wörter geschrieben, welche wie *e* und nicht wie *je* ausgesprochen werden sollen, vorzüglich in ausländischen Wörtern; ferner bei ausländischen Wörtern, die mit *ö* anfangen, wie Экономъ, *Oekonom*.

Ю im Anfange und nach einem Vokale wie *ju*; nach einem Consonanten wie das englische *ew* in *few* (*jiu*)

Я im Anfange, nach einem Vokal und nach ь wie *ja*, am Ende oder oft in der Mitte eines Wortes wie *ä*.

Ѳ ist statt des griechischen θ angenommen, wird aber wie *f* ausgesprochen. In den griechischen Wörtern, welche erst in neuerer Zeit ins Russische aufgenommen wurden, wird es durch т ausgedrückt, wie театръ.

Ѵ ist das griechische υ und kömmt nur in einigen wenigen aus dem Griechischen stammenden Wörtern vor. Es lautet im Anfange eines Wortes oder nach einem Consonanten wie *y*, nach einem Vokal wie *w*.

Die den Russen fehlenden Consonanten *h c x f* und *v*, werden also ersetzt: 1) *h* wird entweder durch г ausgedrückt, wie in Гамбургъ, *Hamburg*; oder es wird ganz weggelassen, vorzüglich in den eigentlich lateinischen Wörtern, wie Аннибалъ, *Hannibal*; 2) *c* in den Wörtern, wo *c* vor *e i y* wie *z* oder *ts* lautet, durch ц, und vor *a o u* durch к, wie Цицеронъ, Коллегія; 3) *x* wird durch кс gegeben, wie Алексѣй, *Alexius*; 4) *f* und *v* wird umgewandelt in ф, wie in Фатеръ, *Vater*.

Currentschrift

А	А	а а	А а	Т	Т	т т	Т т
Б	Б	б б б	Б б	У	У	у у	У у
В	В	в в в	В в	Ф	Ф	ф ф	Ф ф
Г	Г	г г	Г г	Х	Х	х х	Х х
Д	Д	д д д	Д д	Ц	Ц	ц ц	Ц ц
Е	Е	е е	Е е	Ч	Ч	ч ч	Ч ч
Ж	Ж	ж ж	Ж ж	Ш	Ш	ш ш	Ш ш
З	З	з з	З з	Щ	Щ	щ щ	Щ щ
И	И	и и	И и	Ъ	Ъ	ъ ъ	Ъ ъ
І	І	і і	І ї	Ы	Ы	ы ы	Ы ы
К	К	к к	К к	Ь	Ь	ь ь	Ь ь
Л	Л	л л	Л л	Ѣ	Ѣ	ѣ ѣ	Ѣ ѣ
М	М	м м	М м		Э	э	Э э
Н	Н	н н	Н н	Ю	Ю	ю ю	Ю ю
О	О	о о	О о	Я	Я	я я	Я я
П	П	п п	П п	Ѳ	Ѳ	ѳ ѳ	Ѳ ѳ
Р	Р	р р	Р р	Ѵ	Ѵ	ѵ ѵ	Ѵ ѵ
С	С	с с	С с				

Diphthonge.

Eigentliche Diphthonge macht nur der Vokal й, wenn er nach einem andern Vokale steht, und zum Kennzeichen wird in diesem Falle immer ein kleines rundes Strichelchen darüber gesetzt: й, um an die Verbindung desselben mit dem vorhergehenden Vokale zu erinnern. Diese sind:

ай ей ій ой уй ый ѣй эй юй яй.

Accente.

Der Accent bezeichnet die Sylbe, welche den Ton hat. Es ist entweder ein scharfer ´ oder schwerer `. Der erstere bezeichnet eine Erhebung der Stimme, der letztere eine Niedersenkung derselben zu einer gedehnten, aber reinen Aussprache am Ende der Wörter. Geschrieben wird der Accent nur zum Unterschied verschiedener Formen und Ableitungen. Accentzeichen werden nur in grammatischen oder lexikalischen Büchern gebraucht und stehen dann über folgenden Buchstaben:

а е и і о у ы ѣ э я ѵ.

Serbisch.

(Neuester Ductus, geschnitten von F. Rösch in Leipzig.)

In der serbischen Sprache unterscheidet man drei Unterarten: das Herzegowinaer, das Resawer und das Syrmische. Alle diese Serben bedienen sich des cyrillischen Alphabets, die Kroaten und Winden des lateinischen.

Cyrillisch.	Lateinisch.	Aussprache.
А а	A a	a
Б б	B b	b
В в	V v	w
Г г	G g	g
Д д	D d	d
Ђ ђ	Dj dj	dj, ungarisch gy
Е е	E e	e
Ж ж	Ž ž	sanftes sch, franz. j
З з	Z z	sanftes s, franz. z
И и	I i	i
І і	I i	j
Ј ј	J j	j
К к	K k	k
Л л	L l	l
Љ љ	Lj lj	lj, ital. gl, gli
М м	M m	m
Н н	N n	n
Њ њ	Nj nj	nj, ital. u. franz. gn
О о	O o	o
П п	P p	p
Р р	R r	r
С с	S s	scharfes s (ss)
Т т	T t	t
Ћ ћ	Ć ć	tj, ts, sanftes tsch
У у	U u	u
Ф ф	F f	f
Х х	H h	h
Ц ц	C c	z
Ч ч	Č č	tsch, engl. ch
Ш ш	Š š	sch
Щ щ	Šć šć	schtsch
Ъ ъ	—	macht die Sylbe hart
Ы ы	I i	langes i (ü)
Ь ь	—	macht die Sylbe weich
Ѣ ѣ	Je je ě ie	je, ie
Є є	Je je	je
Ю ю	Ju ju	ju
Я я	Ja ja	ja
Џ џ	Dž dž	dsch'
Ѳ ѳ	Th th	th

Illyrisch.

I. ist die sogenannte organische und bei den Römisch-Katholiken gegenwärtig in Journalen und Büchern gangbarste Orthographie; II. und III. die in Slawonien, Kroatien und Dalmatien noch theilweise gebräuchliche.

I.	II.	III.
a	a	a
b	b	b
c	c	cz
ċ	ch	ch
č	cs	cs
d	d	d
dj	dj	dy
e	e	e
ě	e i	e i
f	f	f
g	g	g
gj	gj	gy
h	h	h
i	i	i
j	j	j
k	k	k
l	l	l
lj	lj	ly
m	m	m
n	n	n
nj	nj	ny
o	o	o
p	p	p
r	r	r
s	s	ss sz
š	sh	sc
t	t	t
tj	ch	ty
u	u	u
v	v	v
z	z	z
ž	x	s
dž	dx cx	ds

Aussprache.

Die Vokale a, o, u, i, e werden wie im Deutschen ausgesprochen.

ě steht nach allen Consonanten, die Kehllaute ausgenommen, in der Mitte der Wörter, seltener am Ende, nie zu Anfang. Die gewöhnliche Aussprache ist je. Im herzegowinaer Dialekt wird es ausgesprochen 1) wie je, wo es nicht gedehnt wird; 2) wie ije, wo es gedehnt werden soll; 3) wie j vor i. Im syrmischen Dialekt spricht man es wie e oder i aus, im resawer Dialekt fast durchgehends wie e. Jetzt schreibt man häufig ie statt ě.

c lautet wie ein deutsches z.

ć fast wie ts, ebenso tj. Zwischen ć und tj ist der Unterschied, dass ć überall, tj aber nur in der Mitte abgeleiteter Wörter gesetzt werden kann.

č fast wie dsch.

dj und gj sind die Erweichungen von d und g; sie lauten wie ein gequetschtes dsch.

lj gleicht dem ital. gl oder dem franz. l in *oeil*.

nj lautet wie das ital. und franz. gn.

s ist scharf wie *ss*.

š lautet wie ein deutsches sch.

v lautet wie das deutsche w (f wird in manchen Gegenden ebenso ausgesprochen).

z gleicht einem sanften s oder dem französischen z.

ž ist das französische j.

dž lautet wie ein gequetschtes dsch'.

r hat sowol die Geltung eines Consonanten als die eines Vokals. Als Consonant lautet r wie in andern Sprachen; als Vokal bildet es für sich eine Sylbe und wird mit einem fast nicht unterscheidbaren e ausgesprochen. Die Schreibweisen dieses Vokals sind verschieden; Einige schreiben èr; die Ragusaner hingegen år; Andere lassen å und è weg und schreiben blos r; wieder Andere schreiben ȓ.

Accente sind im Serbischen: ' Zeichen der Schärfe, ′ (Dehnung), ˘ oder ⁀ (Kürze).

Walachisch.

Figur	Benennung	Bedeutung
А а	As	a
Б б	Buke	b
В в	Wide	w
Г г	Glagol	g
Д д	Dobro	d
Є є	Jest	je e lang
Ж ж	Schiwete	sch
Ѕ ѕ	Salo	die Ziffer 6
З з	Semlia	s weich
И Й й	I	i
Ї ї ї і	Ische	j
К к	Kako	k
Л л	Liude	l
М м	Meslite	m
Н н	Nasch	n
О о	On	o
П п	Pokoi	p
Р р	Rze	r
С с	Slowo	ss
Т т	Twerdo	t
Ꙋ ꙋ	Uk	u
Оу оу	Uniku	u
Ф ф	Fert	f ph
Х х	Chir	ch h
Ѡ ѡ	O	o lang
Ц ц	Zi	z
Ч ч	Tscher	tsch
Ш ш	Scha	sch
Щ щ	Schta	scht
Ъ ъ	Jor	e kurz
Ѣ ѣ	Jaty	ea
Ѫ ѫ	Jus	ă üüh
Ю ю	Ju	ju
Ꙗ ꙗ	Jako	ja
Ѧ ѧ	Ia	ia
Ѳ ѳ	Ftita	ft th
Ѱ ѱ	Psi	ps
Ѯ ѯ	Xi	x
Ѵ ѵ	Ischitza	v i *
Ꙟ ꙟ	Ün	wie üng
Џ џ	Dsche	dsch

Bemerkungen

Ausser nebenstehendem Alphabet zählt die walachische Sprache auch 2 Schriftzeichen:

ь *(Ihr)* welches nur am Ende der auf einen Mitlaut ausgehenden Wörter gebraucht wird, ohne ausgesprochen zu werden, daher man es in neuern Schriften weglässt.

ы *(Jory)* wird nur in Wörtern gebraucht, welche aus andern slawischen Sprachen aufgenommen sind.

Ѵ *Ischitza* wird nur in aus der griechischen Sprache hergeleiteten Wörtern gebraucht und lautet nach einem Vokal wie *v*, nach einem Consonant wie *i*.

Kurze Accente:

͡ steht über dem Anfangsbuchstaben, wenn er ein Vokal ist und über dem Diphthong Ю.

◡ über dem in der Mitte oder am Ende eines Wortes stehenden И und über dem am Ende befindlichen Ю.

Lange Accente:

″ über dem Anfangsbuchstaben eines Wortes, wenn er ein Vokal ist, und über dem Diphthong Ю.

ʹ über einem Vokal in der Mitte des Wortes.

ˋ über dem Ѧ in der Mitte eines Wortes, und über der Endung А, Ѣ, Ѧ, И.

~ ͞ über dem Buchstaben, wenn das Wort abgekürzt ist, oder wenn der Buchstabe ein Zahlzeichen ist.

Neuer Ductus

А	а	a
Б	б	b
В	в	w
Г	г	g
Д	д	d
Е	е	j
Ж	ж	sch
З	з	s
І	і	i
К	к	k
Л	л	l
М	м	m
Н	н	n
О	о	o
П	п	p
Р	р	r
С	с	s
Т	т	t
Ꙋ	ꙋ	u
Ф	ф	f
Х	х	ch
Ц	ц	z
Ч	ч	tsch
Ш	ш	sch
Щ	щ	scht
Ъ	ъ	e
Ѣ	ѣ	ea
Я	я	ja
Ѫ	ѫ	üüh
Ꙟ	ꙟ	ün
Џ	џ	dsch

Ѕ u. Ѵ werden nur in Fremdwörtern gebraucht.

Neuester Ductus

Antiqua		Cursiv		
A	a	*A*	*a*	a
Б	б	*Б*	*б*	b
B	b	*B*	*b*	w
Г	г	*Г*	*г*	g
D	d	*D*	*d*	d
E	e	*E*	*e*	je e
Ɉ	ɉ	*Ɉ*	*ɉ*	sch
Z	z	*Z*	*z*	s
I	i	*I*	*i*	i
K	k	*K*	*k*	k
L	l	*L*	*l*	l
M	m	*M*	*m*	m
N	n	*N*	*n*	n
O	o	*O*	*o*	o
П	п	*П*	*п*	p
P	r	*P*	*r*	r
S	s	*S*	*s*	ss
T	t	*T*	*t*	t
V	v	*V*	*v*	u
Ф	ф	*Ф*	*ф*	f
X	x	*X*	*x*	ch
Ц	ц	*Ц*	*ц*	z
Ч	ч	*Ч*	*ч*	tsch
Ш	ш	*Ш*	*ш*	sch
Ъ	ъ	*Ъ*	*ъ*	e
Ì	ì	*Ì*	*ì*	ün
Џ	џ	*Џ*	*џ*	dsch

Apostrophirte Buchstaben.

Ă ă Ĕ ĕ Ĭ ĭ Î î Ŏ ŏ Ÿ
Ŭ ŭ Ḑ ḑ Ș ș Ț ț Ɉ̦ ɉ̦

Mit dem linksstehenden alten Alphabet sind die Kirchenbücher und alle ältern Bücher geschrieben. Seitdem man aber angefangen, diese Sprache mehr zu bearbeiten, hat man das Alphabet sehr vereinfacht, wie die beiden rechts stehenden zeigen. Auch hat man die alte Benennung der Buchstaben sowie deren Accentuirung weggelassen.

Polnisch.

a	wie	a
Ą ą	—	ong
e	—	e
é	—	ie
Ę ę	—	eng
i	—	i
o	—	o
Ó ó	—	ou
u	—	u
y	—	e, ü
b	—	b
b́	—	bj
c	—	z
Ć ć	—	csch
cz	—	tsch
d	—	d
dz	—	ds
dź	—	dsj
dż	—	dsch
f	—	f
g	—	g
h	—	h, ch
ch	—	ch
j	—	j
k	—	k
l	—	l
Ł ł	—	—
m	—	m
ḿ	—	mj
n	—	n
Ń ń	—	nj
p	—	p
ṕ	—	p
r	—	r
rz	—	rsch
s	—	ss
Ś ś	—	sj
sz	—	sch
t	—	t
w	—	w
ẃ	—	wj
z	—	s
Ź ź	—	sj
Ż ż Ż ż	—	sch

Die dem Deutschen sich annähernde Aussprache der polnischen Buchstaben ist hier nebenstehend angegeben: über das dem Polnischen Eigenthümliche folgende Bemerkungen:

Ausser den in den europäischen Sprachen gewöhnlichen fünf Grundvokalen finden wir hier noch einen sechsten y, der eigenthümlich dasteht, und schärfer als das französische stumme e (poudre, polnisch pudyr), etwa wie das deutsche i in irren, Hirt, ausgesprochen wird, sodass im Slawischpolnischen den drei ursprünglichen Vokalen o, e, i drei erstarkte u, a, y genau entsprechen. Als Nebenvokale stehen bei a und e die Nasalen ą und ę, welche wie ong und eng (durch die Nase), vor b und p aber wie om (ebenfalls durch die Nase) ausgesprochen werden. é wird immer stark accentuirt, sodass es einen Mittelvokal zwischen e und i bildet. In ie, ia, io, iu ist das i nichts weiter, als das Zeichen, dass vor dem e, a, o, u ein weicher Consonant steht (mithin das i eigentlich zu diesem vorhergehenden Consonanten gehört). ó ist ein stark accentuirtes o, dessen Ton sich aber nach der Tiefe senkt, mithin es fast so dumpf wie u ausgesprochen wird. Auf diese Weise steigen die Töne der polnischen Sprache in dieser Kadenz herab: i, é (ie), e, ę, y, a, ą, o, ó, u.

Alle diese Vokale werden stets rein und deutlich ausgesprochen; nur das einzige i ausgenommen, welches, wenn es nach einem der Consonanten b, c, dz, m, n, p, s, w, z steht und einen andern Vokal nach sich hat, stets nur als Erweichungszeichen des Consonanten anzusehen ist und wie ein j also consonantisch ausgesprochen wird, z. B. bił, er hat geschlagen; aber biodro Lende, wie bjodro: vor e wird es ie.

Wegen des keineswegs ganz zweckmässigen Erweichungszeichens (j wäre viel besser) stehen die Consonanten: b́, ć, dź, ḿ, ń, ṕ, ś, ẃ, ź, die einen leisen i-Nachlaut in sich schliessen, und darum etwas gequetscht, wie bj, cj, dzj, mj, nj, pj, sj, wj, zj, aber kurz ausgesprochen werden, nur am Ende der Wörter oder der Sylben (wenn die folgende Sylbe mit einem Consonanten anfängt). Nur ć hat eine weichere Aussprache, etwa wie csch; der Schärfe nach mitten inne liegend zwischen dsch und tsch.

c hat ganz den Laut des deutschen z in Schanze, ziehen; etwas sanfter als z in Zacken, Herzen, zerren.

In cz und sz ist z zum Zeichen des Zischens angenommen, daher sie wie tsch und sch ausgesprochen werden. In dz, ausgesprochen wie ds, behält z seinen eigenthümlichen Laut s.

dż ist wie Ein Laut auszusprechen, etwa dsch, aber sanft.

h ist ein seltener vorkommender Laut (da, wo in den slawischen Wörtern h steht, im Polnischen g gesetzt wird), den der Pole beinahe so scharf wie ch aus der Kehle stösst; z. B. hultaj Taugenichts.

ł, das sogenannte grobe l, wird voller ausgesprochen als das gewöhnliche l; man hebt dabei den Mittelkörper der Zunge viel höher als bei jenem. Ebenso eigenthümlich dem Polnischen ist:

rz, ein r, mit welchem der Laut ż (s. diesen) ganz in eines verschmolzen ist, sodass das r nur leise mittönt; z. B. przy.

s wird überall (am Anfang und in der Mitte, wie am Ende) wie ein scharfes s, ss ausgesprochen; sadz Fischbehälter; sok Saft.

z dagegen vertritt die Stelle des deutschen s; za (spr. sa) für.

ż (ż) ist der sanfte, lindgehauchte sch-Laut, dem französischen j in jour entsprechend.

Um die vielen Accente (als Erweichungszeichen) über den Consonanten zu vermeiden, hat man es im Polnischen vorgezogen, die Erweichung, Jotirung der Consonanten b́, ḿ, ń, ṕ, ś, ẃ, ź dadurch anzuzeigen, dass man 1) vor einem Vokale, dem einfachen Lautzeichen, ein i setzt, also mit a so: bia, mia etc., besser wäre bja, mja etc.; 2) vor dem i aber und vor Consonanten (bei b́, ṕ, ẃ und ḿ auch wenn sie am Ende des Wortes stehen) die Andeutung dieser Jotirung gänzlich wegliess. Durch diese Verminderung der Anzahl der Schriftzeichen haben die Consonanten w, b, p, m, n, s, z den unsteten Charakter bekommen, dass nach ihnen sowohl i als y stehen kann.

Lausitzer Wendisch.

Die Vokale sind a o u y e i, aus Verschmelzung des a mit o entsteht ȯ, des o mit u aber ó, des e mit i endlich ė. An i schliesst sich der Halbconsonant j, an e dagegen h, an a o u aber w an.

Die Consonanten werden eingetheilt 1) in Lippenlaute: w f v b p m, 2) in Gaumen- und Zungenlaute: n l r; 3) in Zahnlaute: d t ć; 4) in Sauselaute: z ż, s š, c č; 5) in Gurgellaute: h ch (g) k.

Alle diese Consonanten werden nun der Natur ihrer Laute zufolge in breite und enge eingetheilt, je nachdem sie geschärft oder sanft ausgesprochen werden. Es sind daher:

Breit: w ẃ b b́ z ż d dz dż h g.
Eng: f v p ṕ s š t c ć č ds ts ch k.

Zwischen ihnen stehen neun mittlere: m ḿ n ń ĺ l ł r ŕ.

Das Alphabet besteht also im Ganzen aus 40 Buchstaben, nämlich 8 Vokalen: a (ȯ) o ó u y e ė i und 32 Consonanten: j w ẃ (f v) b b́ p ṕ m ḿ n ń ł l (ĺ) r ŕ z ż s š d dz dż t c ć č ts h ch g k.

Zur Bildung eines Wortes werden Sylben erfordert, diese haben einen Vokal, an den sich oft ein oder mehrere Consonanten anschliessen. Bei dieser Verbindung der Consonanten mit den Vokalen unterscheidet man harte, weiche und indifferente.

Es gilt nämlich die Regel, dass bei allen grammatischen Verrichtungen, der Bildung, Ableitung, Declination, Comparation und Conjugation, niemals ein y nach einem weichen, und ein i oder ė nach einem harten Consonanten gesetzt werden darf, dass dagegen die indifferenten sowol y als i nach sich dulden. Nach diesem Gesetze sind

Weich: j ẃ v b́ ṕ ḿ ń l ŕ ż š ć dż č.
Hart: ł r z s d dz t c (h ch g k).
Indifferent: w f b p m n ds ts.

Die in fremden Sprachen üblichen Laute qu und x in den Wörtern, die aus ihnen stammen, sowie in allen Fällen, wo jene Laute vorkommen, werden stets durch kw und ks ausgedrückt, als: kwadrat, Aleksander, kwas. — Ebenso kommt g nur in fremden, v und f nur in wenigen einheimischen Wörtern vor.

Aussprache der Consonanten.

Die Zeichen ẃ b́ ṕ ḿ ń und ŕ unterscheiden sich von den ohne Strich geschriebenen durch den weichen Charakter, welcher aber vor e (hell), ė und i ohnehin nothwendig ist, daher auch weiter nicht bezeichnet wird, obwol ihn die wendische Zunge vor diesen Vokalen nie vernachlässigt.

ł spricht man wie w, nur bei den nordöstlich Wohnenden wie ein grobes l, z. B. čoło.
dz wie ds im Deutschen, aber als ein Laut, z. B. na fidzy.
dż wie das italienische g vor e und i, dsch: z. B. dżėra, nadżiji.
z ist ein sanfter Zischlaut, das deutsche s; z. B. zuby.
ż wie das französische j, ganz sanfter sch-Laut, żołty.
š wie sch: šaty, šėry.
c wie das deutsche einfache z; cybać.
ć gequetschter als das polnische ć; etwa wie das italienische c vor e und i, ćerń.
č der schärfste weiche Zischlaut, dem deutschen tsch gleich, čorny.
ds ts, der schärfste harte Zed-Laut, deutsch tz, tsihać.
ch wird häufig, besonders im Anfange der Wörter, wie ein gehauchtes k gesprochen, ähnlich dem deutschen Laute k, wenn er am Anfange vor einem Vokal steht, z. B. kundig, kommen, als chory. Auch im Wendischen findet dieses gewöhnlich nur am Anfange der Wörter statt.

Alle übrigen Consonanten werden ausgesprochen wie im Deutschen.

Aussprache der Vokale.

a i u werden stets klar und rein ausgesprochen.
e entweder hell, breit, auch kurz; häufig auch nach c z s wie y.
o hell, lang, auch kurz.
ó dumpf, dem u verwandt.
ė wie i in mir.
y dunkel, wie i in irgend.

Böhmisch.

Antiqua.

a b c d e f g h ch i j k l m n o p r s t u v y z — á é í ó ú ý — ů — ě

Č č Ď ď D' d' Ǧ ǧ ň Ř ř Š š Ť ť t' Ž ž

Fractur.

a b c d e f g h ch i j k l m n o p r ſ s t u v y z — á é í ó ú ý — ů — ě

Č č Ď ď D' d' Ǧ ǧ ň Ř ř Š ſ̌ š Ť ť t' Ž ž

Nur in fremden Wörtern kommt q und x vor; für qu schreibt der Böhme lieber kv, z. B. kvitance (die Quittung). Für v schreiben Einige auch w, desgleichen ou für au.

Die mit einem Strich (Dehnungszeichen) bezeichneten Selbstlaute á é í ú ý, sowie ů, heissen lange Selbstlaute und werden gedehnt, jene ohne Strich aber kurze Selbstlaute und werden kurz ausgesprochen.

ě i í nennt man weiche, die übrigen harte Selbstlaute.

h ch k r heissen harte,

c č d' j ň ř š ť ž heissen weiche, und

b d f g l m n p s t v z heissen unbestimmte Mitlaute.

Von der deutschen Aussprache weichen folgende Buchstaben ab:

c hat den Laut des deutschen z in zahm; es behält auch seinen Laut, wenn es vor k steht, z. B. necky (spr. nezkü) die Mulde.

č lautet etwas schärfer als das deutsche tsch in Peitsche oder wie das italienische c in ciarlare.

d wird wie im Deutschen ausgesprochen, ausgenommen vor einem i í und wenn es mit dem Erweichungszeichen (ď) versehen ist; in diesen Fällen wird es weich, gleichsam dji ausgesprochen, nur muss es mit dem sich sanft daranschmiegenden i í zusammenschmelzen, z. B. div das Wunder.

ě wird in Verbindung mit seinem vorstehenden Mitlaute wie je geschärft und weich ausgesprochen, indem die zwei Buchstaben zusammenfliessen. Es kann nur nach den Mitlauten v f b p m n d t vorkommen: z. B. věk das Jahrhundert.

g kommt nur in fremden Wörtern vor und lautet wie das deutsche g.

h lautet am Anfange oder in der Mitte einer Sylbe wie das deutsche h, am Ende einer Sylbe aber wie das deutsche ch.

k lautet wie das deutsche k in Kreis.

n wird wie im Deutschen gelesen, ausgenommen vor einem weichen i í und wenn es mit dem Erweichungszeichen (ň) versehen ist; in diesen Fällen wird es weich wie das französische gn in baigner, gleichsam nji ausgesprochen.

ř fast wie rž oder wie im Deutschen das rs in Bürste.

s lautet immer scharf wie das deutsche ss in Nässe; steht dasselbe vor einem Mitlaut (st sl sp sch sk sv), so wird es nicht gezischt, sondern es muss rein als s ausgesprochen werden.

š (in der Fracturschrift ſ̌, am Ende š) lautet wie das deutsche sch.

t hat den Laut wie im Deutschen, ausgenommen vor einem weichen i í und wenn es mit dem Erweichungszeichen (ť) versehen ist; in diesen Fällen wird es weich, gleichsam tji ausgesprochen.

ú wird wie das deutsche uh in Uhr ausgesprochen, dieses ú wird nur zuweilen am Anfange eines Wortes gesetzt, wenn das kurze u bei zusammengesetzten Wörtern gedehnt werden soll. In andern Fällen, selbst am Anfange häufig, wird bei der Dehnung des kurzen u der Laut ou gesetzt, welcher gleichsam wie ein Laut ausgesprochen werden muss; jedoch bei den Zeitwörtern, die einfach mit einem u anfangen und mit dem Vorworte po zusammengesetzt sind, wie poubrati, poučiti etc. und den davon abgeleiteten Wörtern, behält das o und u für sich den abgesonderten Laut.

ů lautet wie ú; es steht immer dort, wo o gedehnt worden ist und kann nie am Anfange eines Wortes vorkommen. Das durch einen Strich gedehnte ó kommt nur als Empfindungswort vor, z. B. ó Bože! o Gott!

v lautet immer wie das deutsche w.

y lautet etwas dumpfer als das weiche i, fast wie das deutsche ü; das gedehnte ý lässt sich meistens in den Doppellaut ej auflösen, welcher wie e und j in einer Sylbe ausgesprochen wird.

z ist ähnlich dem deutschen s zwischen zwei Selbstlauten, wie in den Wörtern Wesen, Rose. Vor f k p t c č lautet es fast wie s, z. B. zkaziti.

ž klingt viel weicher und tiefer als das deutsche sch, es hat den Laut des französischen j in jamais.

Regeln beim Lesen.

1) Die langen Selbstlaute dürfen nicht übermässig gedehnt werden, man beobachte bei denselben die deutsche Dehnung: á gleich aa, ah; é gleich ee, eh; í gleich ie, ih; ó gleich oh; ú ů gleich uh; ý gleich üh.

2) Die Mitlaute s š z ž werden vor der Ableitungssylbe ský in der Aussprache nicht gehört, z. B. vesský etc.

3) Der Mitlaut j wird, wenn er am Anfange eines Wortes vor einem Mitlaut steht, nicht ausgesprochen; z. B. jsem. Dagegen wird er hörbar, sobald demselben eine Sylbe, die mit einem Selbstlaut endet, vorangeht, z. B. nejsem.

4) Die Doppellaute dc, ds und ts lauten wie c; dš und tš wie č.

5) Vorwörter, die blos aus einem Mitlaut bestehen, wie k s v z, machen, obgleich sie für sich allein geschrieben werden, dennoch keine Sylbe aus, sondern sie müssen bei der Aussprache jederzeit zur ersten Sylbe des nachfolgenden Wortes genommen werden, z. B. k tobě, s námi. Diese Vorwörter werden zwar von dem darauf folgenden Worte getrennt, dürfen

aber nicht am Ende einer Zeile oder Seite stehen, sondern sie müssen die neue Zeile oder Seite anfangen.

6) Das Hülfszeitwort jsem, jsi, jest-jsme, jste, jsou, die Conjunctionspartikel bych, bys, by-bychom, byste, bý, dann das rückführende persönliche Fürwort se, si, müssen, wenn sie einem wirkenden Mittelworte oder das se, si einem Haupt- oder Beiworte nachgesetzt sind, mit demselben verschmolzen gelesen werden, weswegen man auch die letzteren durch einen Verbindungsstrich an das Wort anschliesst, z. B. shledáni-se, modlíci-se etc.

7) Die Mitlaute müssen ganz rein, ohne Aspirirung mit h ausgesprochen werden, z. B. kabát (nicht khabath) etc.

8) Die Mitlaute b und p, d und t, z und s müssen genau unterschieden werden; b und d lauten dumpf, p und t aber eng, hart, z gelinde, s aber scharf.

9) Die weichen Mitlaute müssen von den unbestimmten genau unterschieden werden, und das i í ě muss mit den letzteren gehörig verschmelzen.

10) Die Sauselaute c s z sind sowol unter sich als auch von den Zischlauten č š ž genau zu unterscheiden.

11) h gilt immer als ein Mitlaut und darf nie verschwiegen werden; z. B. hrom der Donner (nicht rom) etc.

12) Das kurze e darf nie ausgestossen werden; z. B. Karel Karl (nicht Karl) etc.

Der Wortton fällt immer auf die erste Sylbe, z. B. be-žim, při-nesu, die betonte Sylbe kann auch gedehnt sein, snä-žim, krá-sa etc.

Abtheilung der Sylben.

Wo die Aussprache eines Wortes wegen des Zusammentreffens mehrer Mitlaute schwer zu sein scheint, kommt es gewöhnlich nur darauf an, die Sylben eines Wortes unterscheiden zu lernen. Im Böhmischen endigen die meisten Sylben auf Selbstlaute. Bei der Anwendung dieser Regel sind folgende Fälle zu unterscheiden;

1) Ein Mitlaut zwischen zwei Selbstlauten oder zwischen einem Selbstlaut und einem l oder r kommt zur folgenden Sylbe, z. B. stra-ka, ha-vl-na etc.

2) Sind mehre Mitlaute beisammen, welchen ein Selbstlaut folgt, so kommt nur der letzte Mitlaut zur folgenden Sylbe; die Mitlaute sk, šk, st, št jedoch werden nicht getrennt und kommen zur folgenden Sylbe, dabei bleibt oft in der vorhergehenden Sylbe kein Selbstlaut, sondern nur ein l oder r in der Mitte derselben, z. B. hrn-čiř.

3) Steht unmittelbar vor dem Selbstlaut ein l, r oder ř, so nehmen diese Mitlaute auch den vorhergehenden Mitlaut, mit Ausnahme des n, zu sich, und ist dieser ein sk, šk, st, št, so werden beide zu der folgenden Sylbe gezogen, z. B. kno-flík, zej-dlík, svě-tlo, han-li-vý etc.

4) Die zusammengesetzten Wörter werden so getrennt wie sie entstanden sind, z. B. on-voz, ná-dvo-ří.

Ungarisch.

Die Ungarn zählen in ihrer Sprache 31 Laute; um diese zu bezeichnen, sind, nebst den einfachen lateinischen Buchstaben, noch einige Zusammensetzungen mit denselben nothwendig, und so entsteht folgendes Alphabet;

a b cs cz d e f g gy h i j k l ly m n ny o ö p r s sz
t ty u ü v z zs.

Wenn die Vokale a e i o ö u ü accentuirt sind, wie á é í ó ő ú ű, so muss man sie in der Aussprache dehnen.

Die vereinten Buchstaben: cs cz gy ly ny sz ty zs bezeichnen nur einen einfachen Mitlaut, und daher dürfen sie nie von einander getrennt werden.

cs lautet wie tsch, z. B. kocsi.
cz wie z, z. B. czukor.
gy weich, wie das französische di im Worte dieu, z. B. gyár.
ly sehr gelind, wie das französische il im Worte email, z. B. homály.
ny wie das französische gn im Worte campagne, z. B. anya.
sz wie das deutsche ß, z. B. szag.
ty wie das französische ti in metier, z. B. tyuk.
zs wie das französische j in jour, z. B. zsák.

Unter den einzeln gezeichneten Mitlauten müssen besonders folgende beachtet werden: s v z

s wird ausgesprochen wie das deutsche sch, z. B. sas.
v lautet wie das deutsche w, nicht wie v, z. B. vár.
z wie das deutsche s, z. B. ezer.

Die Buchstaben c ch q w x kommen nur in fremden Wörtern vor, z. B. Cato, Achilles.

y ist im Ungarischen eigentlich kein Buchstabe, weil es keinen Laut hat, sondern es dient nur als Zeichen, dass man den vorhergehenden Buchstaben gelind aussprechen soll. Doch wird das y und ch in den altungarischen Familiennamen gebraucht, wo das y wie ein i lautet, z. B. Pálffy, Forgách.

Die Laute cs und cz werden auch häufig mit ts und tz bezeichnet, was jedoch die neuere Schreibart nicht mehr duldet, ausser in den Wörtern, wo das t auf das Stammwort hinweist, z. B. barátság, nicht barácság.

Lettisch.

Zur Bezeichnung der Sprachlaute der Letten haben sich die Deutschen folgender 22 Buchstaben des deutschen Alphabets bedient:

a b c d e g h i j k l m n o p r ſ s t u w z

Zwei derselben c und h haben keine Bedeutung für sich, sondern werden nur als Hülfszeichen gebraucht, um in Verbindung mit ſ zwei lettische Laute ſch und ſch auszudrücken. Ausserdem wird h als Dehnungszeichen zu Vokalen gesetzt. Die deutschen Laute h ch f oder v sind in der Sprache des Letten gar nicht vorhanden; ebenso wenig die Umlaute ö ü. Der Laut ä wird durch e bezeichnet. Die Buchstaben q x y werden nicht gebraucht, sondern statt derselben gleichlautende: kw statt qu, ks statt x, i statt y.

Mittelst obiger 22 Zeichen werden 34 einfache lettische Sprachlaute ausgedrückt und auf folgende Weise bezeichnet:

a b bj d e g ģ Ģ j i k ķ Ķ l ļ Ļ m mj n ņ Ņ o p pj r ŗ Ŗ
ſ dſ ſch dſch ſ S (s) ſch t tſch u w wj z

Aussprache der einfachen Vokalzeichen.

Die Vokale a e i u werden kurz ausgesprochen. Sollen sie lang ausgesprochen werden, so sind sie folgendergestalt bezeichnet:

â ê î û

Das o ist immer gedehnt. Gleichwol erhält es auch die Dehnungszeichen, um das oh und ô worauf die Stimme länger ruht, von dem schneller verfliessenden o zu unterscheiden.

Aussprache der Diphthonge.

Diphthonge sind im Lettischen sechs: ai au ei oi ui ee. Die fünf ersten werden wie im Deutschen ausgesprochen. Zwei derselben, ai und ei, wiewol an sich schon lang, kommen dennoch mit der Crasis vor: âi êi. Der Doppelvokal oi findet sich nur in dem einzigen Worte woi. Soll au und ui in zwei Sylben ausgesprochen werden, so erhält das u und i die Diärese: aü uï. Mit ee wird ein eigenthümlicher Laut der Letten bezeichnet. Aus dem deutschen e in dem Worte See, lang gehalten, fliesst die Stimme in einen zwischen a und ä in der Mitte liegenden Laut hinüber und verliert sich in denselben.

Aussprache der Consonanten.

Folgende werden wie im Deutschen ausgesprochen: b d j l m n p r t w z. Vier dieser Buchstaben b p m w erhalten das Zeichen j, wenn sie anders ausgesprochen werden sollen, bj pj mj wj. Dieses j ist nicht mit dem obigen Consonant j zu verwechseln, sondern dient blos, ungefähr wie das russische ь, zur Bezeichnung, dass der Buchstabe weicher tönen, oder ausgesprochen werden soll, als ob noch ein schwaches i nachtönte. Es darf von dem Buchstaben durchaus nicht getrennt oder wie ein eigner Buchstabe für sich ausgesprochen werden. In folgenden drei: l n r vertritt ein kleiner Strich (Virgula) die Stelle des j: ļ ņ ŗ. Ausserdem sind noch vier durchstrichene Buchstaben: ģ ķ ſ ſch. In diesen hat aber die Virgula nicht jene Bedeutung, sondern ihre Aussprache ist folgende:

ģ wie das deutsche k vor e und i. — g wie das deutsche k vor a o u.

ķ wie das deutsche in: Kind, König, kein. — k wie das deutsche in: kommen, Kamm.

ſ scharf wie das deutsche ß oder ſſ. — s ist ſ finale scharf. — ſ weich wie in: ſo, ſehen.

dſ ungetrennt in einem Laut, wie z, nur weich. d und ſ dürfen nicht hinter einander gehört werden.

ſch scharf, das russische ш, das deutsche ſch. — Der Strich in ſ und ſch hat nicht die Bedeutung der Virgula (j), sondern unterscheidet nur das scharfe vom gelinden ſ und ſch. ſch weich, das russische ж, das französische j in jardin.

tſch scharf; dſch wie tſch nur weich. In beiden Lauten darf das d und t vom ſch in der Aussprache nicht getrennt werden.

Aussprache zusammentreffender Consonantzeichen.

Wenn zwei oder mehrere Consonantzeichen zusammentreffen, sei es in einer Sylbe oder in zwei Sylben, so werden sie so ausgesprochen, dass jedes deutlich gehört wird, und zwar mit dem Laut, den es für sich ausser dieser Verbindung hat. Daraus folgt, dass ſt und ſp nicht wie ſcht und ſchp, wie etwa nach der obersächsischen Mundart in den deutschen Wörtern: ſtand, ſprechen ꝛc., sondern so lauten müssen wie in Aſt, Haspel. — Nur das n macht eine Ausnahme von obiger Regel, wenn es mit g und k zusammentrifft. Diese beiden Buchstaben äussern auch im Lettischen auf die Aussprache des ihnen unmittelbar vorhergehenden n den Einfluss, dass sie es gleichsam an sich ziehen und sich assimiliren. Es lautet nämlich wie das deutsche ng und nk hinter den Vokalen a e u, also wie in lang, Bank, jung ꝛc. Sind g und k durchstrichen, so ist auch das n virgulirt und lautet, obiger Regel gemäss wie ņ für sich.

Dänisch.

A	a	
Aa	aa	
B	b	
C	c	
D	d	
E	e	
F	f	
G	g	
H	h	(haa)
I	i	
J	j	(Jod)
K	k	(kaa)
L	l	
M	m	
N	n	
O	o	
P	p	
Q	q	
R	r	
S	ſ s	
T	t	
U	u	
V	v	(we)
X	x	
Y	y	
Z	z	
Æ	æ	(ä)
Ø	ø	(ö)

Die dänische Sprache gehört zu dem grossen gothischen Sprachstamm und leitet, so zu sagen, ihre Abkunft von dem alten Nordischen oder dem ältern Isländischen, das ehemals in ganz Skandinavien herrschte her. Sie ist deshalb auch am nächsten mit dem neuern Isländischen und dem Schwedischen, entfernter aber mit dem Deutschen, Holländischen und Englischen verwandt, während sie zugleich in ihrer spätern Entwickelung mancherlei Ausdrücke aus der griechischen lateinischen und französischen Sprache aufgenommen hat. Das Alphabet besteht aus nebenstehenden 28 Buchstaben.

Aussprache der Vokale und Diphthonge.

Die einzelnen Vokale im Dänischen sind:

a aa e i o u y æ ø

sie werden bald **lang** ausgesprochen, wie in Stat, Raad, Been, Lit; bald wieder **kurz**, wie in Stad, Aand, ved, Bid. Die Vokale a aa æ haben nur einen Grundlaut; hingegen haben e i o u y ø bald einen **tiefern** oder **offenen** Laut, wie in Blet, Digt, gedt; bald einen **höhern** oder **geschlossenen**, wie in stræd, strid, ged. Wo die Vokale e i u lang ausgesprochen werden sollen, sind sie in der Mitte verdoppelt, wenn das Wort sich nicht auf ein b d g oder v endigt, z. B. Steen, Been, Muus. Am Ende einer Sylbe dagegen verdoppelt sich nur e, z. B. in lee, jee. Die übrigen sind, wenn sie die Sylbe beschliessen, immer lang, z. B. Taa, Zu, Kie, was auch oft durch Hinzufügung eines stummen e bezeichnet wird z. B. staae. Die Verdoppelung des Vokals in der Mitte jener lang auszusprechenden Sylben fällt bei Verlängerung des Wortes wieder weg, z. B. Huus — Huse.

Niemals darf man ae für æ oder oe für ø schreiben, sondern Ersteres ist immer a—e, wie in bejae, oder ein blos gedehntes a, wie in vaer, und Letzteres bleibt immer o—e, wie in Steen, oder ebenfalls ein blos gedehntes o, wie in foer. y, das nie als i ausgesprochen wird, vertritt die Stelle des ü, z. B. Yde. aa ist nicht ein gedehntes a, sondern hat grösstentheils einen ähnlichen, doch breitern Laut wie das kurze o in dem deutschen Worte Holz.

In neuerer Zeit hat man auch für den Aa-Laut ein anderes Zeichen å und desgleichen ein doppeltes für den Ø-Laut angenommen, nämlich ö für den offenen und ø für den geschlossenen.

Als Diphthonge werden im Dänischen gewöhnlich angeführt:

ai ei oi øi øj au eu ou ui,

obgleich Einige nur folgende sechs annehmen: ai au ei eu ou øi. Ausgesprochen werden sie durch ein rasches Verschmelzen der beiden Vokallaute, woraus sie bestehen.

Aussprache der Consonanten.

Die Consonanten sind:

b c d f g h j k l m n p q r s ſ t v x z.

Nach den Redewerkzeugen, mit deren Hülfe man sie ausspricht, lassen sie sich eintheilen in: 1) Zungenbuchstaben, d t l n r; 2) Lippenbuchstaben, b p v f m; 3) Gaumenbuchstaben, g k q j r; 4) diejenigen, welche mittelst der Zunge und Zähne ausgesprochen werden, ſ z; und 5) die Aspiration h, welche durch die Lunge hervorgebracht und vor den Consonanten nicht gehört wird, mit theilweiser Ausnahme von j und v, besonders im Dialect der Jütländer. b d g und v sind weich, weshalb sie oft in der Aussprache kaum gehört werden. Die entsprechenden scharfen oder hartlautenden sind p t k f. Dicht hinter einem Vokal lauten d und g in der Verlängerung, und wenn sie nicht doppelt stehen, fast als wenn ihnen ein dehnendes h angehängt wäre. ld und nd spricht man ziemlich wie ll und nn aus. In rd hört man das d nur ganz leise; ebenso verliert das d vor dem s sehr viel von seinem Laute und vor dem t hört man es gar nicht. j, das in einer Sylbe erst bei dem Vokale hörbar wird, der in derselben Sylbe darauf folgt, bleibt immer ein Consonant und darf deshalb nicht das lange i genannt werden. Das v wird immer wie das deutsche we ausgesprochen, denn von einem vau weiss das dänische Alphabet nichts.

Aus fremden Sprachen sind entliehen: 1) c, das vor a o und u als k gelesen wird, vor e i y æ ø aber wie ſ. Vor einem Consonanten muss man das c wieder als k aussprechen. ch lautet wie k. 2) q, das nur eine besondere Bezeichnung für den K-Laut ist, wenn dieser vor dem v kommt. 3) z, das wie ds oder ts, bisweilen aber auch nur wie ein blos betontes ſ ausgesprochen wird. 4) x sowie z ein Doppelbuchstabe, der in der Mitte oder am Ende eines Wortes wie gs oder ks, zu Anfang aber fast wie ein ſ lautet.

Ligaturen: ff fi fl ll ſſ ſi ſk ſl ſt

Schwedisch.

Die 28 Buchstaben der schwedischen Sprache sind folgende:

Aa Bb Cc Dd Ee Ff Gg Hh Ii Jj Kk Ll Mm Nn Oo
Pp Qq Rr Ss Tt Uu Vv Xx Yy Zz Åå Ää Öö.

Aussprache der Vokale.

Die Vokale werden eingetheilt in harte: a o u å, und weiche: e i y ä ö. Folgende werden immer mit ihrem unveränderten Laut ausgesprochen und weichen wenig oder gar nicht vom Deutschen ab: a i u y ä. — å lautet wie o. — Einen eigentlichen und uneigentlichen Laut haben dagegen e o und ö; nämlich e lautet dreifach: 1) gedehnt und hell, wenn es allein oder mit einem einfachen und auch einfach lautenden Consonant eine Sylbe bildet, z. B. in se, len; 2) gedehnt und dunkel in der Vorsylbe er-, z. B. erfare, in Wörtern vor rl, in andern einzelnen Wörtern; 3) geschärft und dunkel, wenn es mit einem doppelt tönenden Mitlaute oder mit zweien eine geschärfte Sylbe bildet, z. B. den, eller; von dieser Regel macht jedoch das e in verschiedenen Fällen eine Ausnahme. — o hat einen doppelten Laut: 1) einen eigenthümlichen, der sich im Deutschen nicht findet und zwischen o und ou liegt, wenn es allein eine Sylbe bildet oder am Ende eines Wortes steht, in allen Haupt- und Eigenschaftswörtern vor m, wenn dies m zum Stamm gehört, in allen Ableitungen von solchen Wörtern, die sich auf o enden, vor x und in mehren einzelnen Wörtern; 2) einen gedehnten und geschärften, der mit dem Laute des å ganz übereinstimmend ist. — ö hat eine zweifache Aussprache: 1) eine gedehnte und mehr helle, z. B. in hö, lösen: 2) eine geschärfte und mehr dunkle, z. B. in dörren, hölle.

Diphthonge finden sich in der schwedischen Sprache nicht, können mithin nur in fremden Wörtern vorkommen, in denen sie mehr getrennt ausgesprochen werden.

Aussprache der Consonanten.

b lautet wie im Deutschen.

c kommt in schwedischen Wörtern in ck für kk vor, z. B. lacken, und wird wie das deutsche ck ausgesprochen. Ausserdem findet es sich nur in dem einzigen schwedischen Worte och, in welchem es mit dem h ebenfalls wie ck ausgesprochen wird. In fremden Wörtern dagegen lautet es vor weichen Vokalen wie ß und vor den harten wie k.

d wird ausgesprochen wie im Deutschen, ausserdem 1) wenn es vor einem t steht und mit demselben zu einer Sylbe gehört, wie t; 2) als Auslaut nach einem n weich, fast in n übergehend; 3) wenn es vor einem j steht, ist es stumm.

f lautet wie im Deutschen, mit folgenden Ausnahmen: 1) am Ende eines Wortes wird es immer wie w ausgesprochen, z. B. lif (l. liew); 2) in der Mitte ist es vor v stumm, wenn es mit ihm zu einer Sylbe gehört, oder nach l und r steht, z. B. kalfven (l. kalwen). Gehören f und v zu verschiedenen Sylben, so werden beide mit ihren eigenen Lauten ausgesprochen; z. B. drifved (l. driew-wed).

g lautet: 1) vor einem Consonanten, vor den harten Vokalen, vor i und e in einer geschärften und tonlosen Endsylbe, am Ende, und endlich wenn es mit einem folgenden Mitlaute zu derselben Sylbe gehört, wie das deutsche g; 2) wie j vor den weichen Selbstlauten und nach l und r, z. B. in ge wie je, elg wie elch; bei einigen Wörtern wird aber von dieser Regel eine Ausnahme gemacht; 3) wie ck, wenn es mit einem darauf folgenden t zu einer geschärften Sylbe gehört, z. B. sagt (spr. sackt); 4) wie ng, wenn es am Ende einer Sylbe mit einem folgenden n zu derselben Sylbe gehört, z. B. vagn (wangn); 5) vor j ist es immer stumm, z. B. gjort (spr. jort).

h wie im Deutschen; ausserdem stumm vor j und v.

j gleich dem Deutschen. Steht ein f m n oder p vor dem j, so eilt man schnell über die Aussprache des ersten Consonanten hinweg und verweilt am längsten bei j; als Auslaut gleicht es fast dem ch.

k wird ausgesprochen: 1) wie im Deutschen in denselben Fällen wie das g; 2) mit einem eigenen Laute, fast wie tch vor den weichen Vokalen, z. B. ked (spr. tched). In dem Worte kjortel lautet das k wie t.

l ist vor j stumm; ausserdem wie im Deutschen.

m ist dem Deutschen gleich; als Auslaut tönt es bei denjenigen einfachen Wörtern wie mm, welche in der Verlängerung mm bekommen, z. B. lam (spr. lamm).

n tönt als Auslaut ebenfalls in den Wörtern doppelt, welche in der Verlängerung mit nn geschrieben werden. Im Uebrigen wie das deutsche n.

p lautet wie im Deutschen; in dem fremden Worte Psalm ist es stumm.

q und r tönen wie im Deutschen.

s wie ß. stj, sj, skj lauten immer, sk aber nur vor den weichen Selbstlauten wie sch.

t gleicht dem deutschen t. tj wird fast wie tsch ausgesprochen.

v tönt wie das deutsche w. Nur in dem einzigen, aus dem Deutschen entlehnten Worte von vor adeligen Namen lautet es wie das deutsche v.

x wird wie im Deutschen ausgesprochen.

z kommt nur in fremden Wörtern vor und lautet wie das deutsche ß.

Angelsächsisch.

Die angelsächsische Sprache entstand in England aus der von den Sachsen im 5. Jahrhundert dahin mitgenommenen niederdeutschen altsächsischen Sprache und bildete sich im 9. Jahrhundert zur Schriftsprache; seitdem entstanden geschriebene Gesetze und Uebersetzungen fremder Werke. Mit dem Sturze der angelsächsischen Dynastie und der Erhebung der normännischen im 11. Jahrhundert wurde indess die französische Sprache Hof- und Gerichtssprache. Die angelsächsische blieb blos den niedern Klassen als Eigenthum und nur in den Klöstern wurde ihre Kenntniss erhalten. Wenn gleich im 13. Jahrhundert die angelsächsische Sprache wieder in Aufnahme kam, so hatte doch die fremde so viel zurückgelassen, dass das Angelsächsische nur als eine Mischsprache erscheinen konnte, woraus nachher die englische Sprache entstand.

A	ɑ	a
B	b	b
C	c	c
D	ꝺ	d
Є	e	e
F	ꝼ	f
Ᵹ	ᵹ	g
Ƅ	h	h
I	ı	i
K	k	k
L	l	l
ꟽ	m	m
N	n	n
O	o	o
P	p	p
R	ꞃ	r
S	ꞅ	s
T	ꞇ	t
Ʊ	u	u
V	ƿ	v
X	x	x
Ẏ	ẏ	y
Z	z	z
Ð	ð	dh
Þ	þ	th

Ueber die Aussprache.

a hat den Klang des kurzen a im Deutschen.

e wie e in senden; vor einem Consonanten, dem ein Vokal folgt, klingt es wie unser e in er. Vor a oder o lautet es wie j, am Ende einer Sylbe ist es nur leicht hörbar.

i und y entsprechen unserm i, vor einem andern Vokal wie j.

o kurz wie o in Gott.

u wie u in Null.

Einige Grammatiker führen im angelsächsischen Alphabet noch das Æ æ auf, welches unserm ä gleicht.

Diphthonge hat die angelsächsische Sprache nicht.

Die Consonanten werden mit folgenden Ausnahmen wie im Deutschen ausgesprochen:

c ist stets hart wie k. cw steht für kw.

f zwischen zwei Vokalen oder am Ende einer Sylbe klingt wie v.

g lautet stets hart; auch kommt manchmal ᵹ für g vor, das ursprünglich mehr ein Kehllaut war und wie unser j klingt.

cg wird auch für gg geschrieben.

h wird kräftig gehaucht; am Ende einer Sylbe oder vor einem harten Consonanten ähnelt es unserm ch.

hw entspricht dem englischen wh; h kommt auch vor l, n und r vor.

w steht zuweilen vor r wie vor l.

þ (tha) wie das harte th im Engl.

ð (eth) wie das weiche th im Englischen. þ beginnt gewöhnlich, ð endet eine Sylbe.

⁊ und ꝼ Abkürzung für and.

ꝥ Abkürzung für þæt.

ł Abkürzung für oððe.

Der Accent ʹ über einem Vokal zeigt an, dass dieser lang ist; derselbe wird auch angewendet um gleichgeschriebene Wörter, aber von verschiedener Bedeutung und verschiedenem Klang, zu unterscheiden, z. B. *ac* (aber), *ác* (die Eiche). — Um die Auslassung von *m* und *n* anzuzeigen macht man über den vorhergehenden Buchstaben einen kurzen Strich (‾).

Irisch.

Die Irländer oder Iren [illegible] Volksstamm, können sich in der [illegible] Schriftzeichen bedient haben [illegible] bekannt bei ihnen [illegible] wurde [illegible] Schrift ist unterge[illegible] gelehrter Forschungen. [illegible] seitdem gegen die Mitte des 5. Jahrhunderts [illegible] stenthum nach Irland gebracht [illegible] dung und Gelehrsamkeit [illegible] neues Alphabet, das in Irland [illegible] beim Druck noch heute in Anwendung [illegible] es sich um volksthümliche oder [illegible] handelt. Im Uebrigen aber pflegt man jetzt auch [illegible] der Nationalsprache mit den englischen [illegible] zu schreiben und zu drucken.

𝔄	ɑ	a	𝔐	m	m
B	b	b	N	n	n
C	c	c k	O	o	o
Ꝺ	ꝺ	d	P	p	p
Є	e	e	R	ꞃ	r
F	ꝼ	f	S	ꞅ	s
Ᵹ	ᵹ	g	T	ꞇ	t
I	ı	i	U	u	u
L	l	l	Ƕ	h	h

Ligaturen.

Die irischen Manuscripte und auch die Drucke weisen eine Menge von Zusammenziehungen der Buchstaben auf, von denen folgende die gebräuchlichsten sind.

ꝼ̄	chd	ᵹ̇	gh
ɑꝺ̇	adh	ıꝺ̇, ıᵹ̇	i
ɑꝺ̄	e	lŋ	ll
ꝗ	air	mb	m
ɑ̄	an	mꞅ	m
ɑ̃	am	ṁ	w
⁊	agur	nꝺ	n
ꞃ̄	ar	n̄	nn
ḃ	v w	ṗ	f
bꞅ	v w	pp	b
bp	b	ꞃꞃ	rr
cc	g	ꞅ̇	h
ċ	ch	ꞅı	si
ꝺꞅ	d	ꞇ̇	h
ꝺꞇ	d	ꞇꞅ	t
ę	ea	ꞇꞇ	d
eɑꝺ̇	ea	ıꞅ	i
ꝼ̇	h	ıꞅꝺ	i
ᵹc	g	ıꞅꝺe	ie
		ímᵹ̇	i

Gothisch.

Figur	Bedeutung	Zahlwerth
𐌰	a	1
𐌱	b	2
𐌲	g	3
𐌳	d	4
𐌴	e	5
𐌵	q	6
𐌶	z	7
𐌷	h	8
𐌸	dh (þ)	9
𐌹 𐌹̈	i	10
𐌺	k	20
𐌻	l	30
𐌼	m	40
𐌽	n	50
𐌾	j	60
𐌿	u	70
𐍀	p	80
𐍂	r	100
𐍃	s	200
𐍄	t	300
𐍅	v	400
𐍆	f	500
𐍇	x	600
𐍈	w	700
𐍉	o	800

Ligaturen und Zeichen

Ligaturen, die besonders oft in der Skeireins vorkommen.

𐌷𐍂 für hr
𐌽𐌰 — 𐌽𐌰
𐌼𐌿 — 𐌼𐌿
𐌿𐍂 — 𐌿𐍂
𐌽𐌿 — 𐌽𐌿
𐌽𐌳 — 𐌽𐌳
𐌽𐍃 — 𐌽𐍃
𐍂𐌸 — 𐍂𐌸
𐌸𐍂 — 𐌸𐍂

Monogramme.

für matþains

für markus.

Zahlzeichen.

𐍁 = 90
𐍊 = 900

Bemerkungen

Die gothische Sprache ist die Gesammtsprache der östlichen Germanen, welche mit dem gemeinschaftlichen Namen der Gothen bezeichnet werden. Sie gehört zu dem indogermanischen Sprachstamme und ist diejenige von den Sprachen des germanischen Astes, von welcher die ältesten schriftlichen Denkmäler erhalten sind, so wie sie gewiss zuerst unter diesen Sprachen in Schrift gefasst und in ihrer Reinheit erhalten worden ist. — Obgleich die uns bekannte und erhaltene gothische Literatur eine sehr arme ist, denn ausser den Fragmenten der Bibelübersetzung und der sogenannten Skeireins sind nur unbedeutende Ueberbleibsel auf uns gekommen, so ist doch noch immer in sprachlicher Hinsicht so viel vorhanden, dass man die Sprache daraus hat vollkommen kennen lernen und vollständige Grammatiken herausgeben können. Die gothische Sprache hat nebenstehende 25 Buchstaben; die Namen derselben sind uns nicht aufbewahrt, da die Sprache nicht von einheimischen Grammatikern bearbeitet worden ist. Die Erfindung der gothischen Schrift wird dem Ulfilas zugeschrieben.

Um die Zahlbuchstaben von den übrigen zu unterscheiden, wird über, zuweilen auch noch unter dieselben das Zeichen — oder ⌐‾ gemacht, und dann fallen die diakritischen Punkte über 𐌹̈ weg; ausserdem werden noch vor und nach dem Buchstaben Punkte gesetzt, und zwar gewöhnlich je einer, in der neapolitanischen Urkunde auch je zwei; statt der Punkte setzen Einige auch kleine Uncinen:

·𐌱· (2), :𐌼: (40), ⸌𐌾⸍ (60).

Das Custoszeichen ist ebenfalls in zwei Uncinen eingeschlossen: ⸌𐌴⸍.

Von den Lesezeichen sind zu bemerken:

1) Diakritische Zeichen sind nur die Punkte über dem anlautenden 𐌹̈.

2) Interpunktionszeichen. Als Regel kann angenommen werden, dass ein einfacher Punkt die kleinere, ein Doppelpunkt die grössere Interpunktion vertritt; doch ist diese Interpunktion nicht consequent durchgeführt und oft stehen diese Zeichen unnütz und sogar sinnstörend. Nach den grösseren Interpunktionen ist ein freier Raum gelassen, während sonst die Wörter ohne Absatz an einander hängen; oder oft eine neue Zeile angefangen, in welchem letztern Falle die Anfangsbuchstaben noch das Zeichen ⌐·¬ oder ⌐+¬ über sich haben.

3) Die Abtheilung eines Wortes, welches auf zwei Zeilen geschrieben wird, geschieht oft ganz willkürlich und wie es der Raum gestattet, aber selten ist die Theilung durch ein besonderes Zeichen - angedeutet, und zwar nicht am Ende der ersten, sondern am Anfange der folgenden Zeile.

4) Zeichen, wodurch citirte Stellen von dem Texte unterschieden werden, sind entweder einfach ⸌ oder doppelt ⸌⸌ und stehen vor allen Zeilen am Rande, so viele die citirte Stelle einnimmt. Ausserdem steht in der Skeireins, welche einfache Anführungszeichen hat, bei der ersten Zeile noch das Zeichen ⌐·¬, bei der letzten umgekehrt ⌙·⌟.

5) Abbreviationszeichen. Von diesen stehen für bestimmte Buchstaben und zwar für n das Zeichen ⌐‾ oder umgekehrt ‾¬, und für m das Zeichen ⌐·¬ oder ⌐=¬. Diese Zeichen stehen gewöhnlich am Ende einer Zeile, wo der Raum für diese Buchstaben mangelt, doch zuweilen auch mitten in der Zeile. Für wirkliche Wortabbreviaturen, wo seltener das Zeichen ⸌ vor und nach der Abbreviatur gesetzt wird, steht gewöhnlich das Zeichen ⌐‾, ⌐‾¬ oder ⸌‾¬.

Runen.

Figur	Benennung	Bedeutung	Zahlwerth
ᚠ	Fé	f	1
ᚢ	Ur	u	2
ᚦ	Thurs	th	3
ᚬ	Os	o	4
ᚱ	Reid	r	5
ᚴ	Kaun	k	6
ᚼ	Hagl	h	7
ᚾ	Naud	n	8
ᛁ	Is	i	9
ᛅ	Ar	a	10
ᛋ	Sol	s	11
ᛏ	Tyr	t	12
ᛒ	Biörk	b	13
ᛚ	Laugr	l	14
ᛘ	Madr	m	15
ᛦ	Yr	y	16

Bemerkungen

Die nordischen Runen, welche, wie bei den Griechen, bei Ulfilas u. A., zugleich auch Zahlzeichen waren, bestanden ursprünglich aus fünfzehn oder sechszehn Buchstaben, deren jeder seinen besonderen Namen hatte. Die alphabetische Aufeinanderfolge der nordischen Runen ist ganz eigenthümlich, die Ursache dieser Eigenthümlichkeit aber noch zur Stunde unentdeckt. Dass jedoch der Zufall, wie bei unserm Alphabete, so auch hier gewaltet habe, ist sogleich sichtbar, indem die Anordnung des Runenalphabets höchst regellos und der Spracherfahrung eben so unangemessen erscheint, als das deutsche Alphabet, welches auf die Verwandtschaft der Consonanten und ihr wechselseitiges Uebergehen in einander nicht aufmerksam macht.

Das Runenalphabet ward in drei Klassen eingetheilt, von denen der Buchstabe ᚠ die sechs ersten, ᚼ und ᛏ aber jeder fünf der zehn letzten Runen anführte, und die daher Freys-aett (Frei's Gattung), Hagls-aett und Tyrs-aett hiessen. Es ist einleuchtend, dass man mit diesen Buchstaben alle Laute nur sehr kümmerlich bezeichnen konnte. Man hatte nur Ein Zeichen für g und k; d und t; b und p; u, v und y. Das Merkwürdigste hierbei ist, dass der vermittelnde Vokal e sowie auch o gänzlich fehlen. dieses wird gewöhnlich durch au, jenes hingegen durch i, a, ia und ai ausgedrückt; für g, gh steht manchmal h, und u bezeichnet sonst noch die Vokale o und y; die Doppellaute ae, au und ey selbst den Consonant v und f. — Yr (y) galt so viel als finales r (so viel als or, ur) und hiess als solches auch aur. — In der Folge, als die Mangelhaftigkeit des Runenalphabets fühlbarer wurde, hat man es durch vier hinzugegebene Buchstaben zu vervollständigen gesucht, so entstanden die Runen e, g, p und v, die aber nicht mehr wie die sechszehn alten, besonders benannt wurden. Auch sind für sie keine neuen, im Geiste der übrigen Runen gebildeten Zeichen erfunden worden; man wählte vielmehr das einfache Mittel, aus jenen sechszehn einen verwandten Buchstaben herauszunehmen und diesem einen Punkt oder zwei zuzusetzen, weshalb auch diese Runen stungnar runir, punktirte Runen, heissen, und den Punkt ausgenommen, sonst aus den Buchstaben i, k, b und f bestehen. Als endlich die lateinische Schrift und zu derselben Zeit das Schreiben auf Papier und Pergament in den Norden kam, hat auch das Runenalphabet eine Bereicherung erfahren; es wurden nämlich noch für dh und d, für die Diphthonge ae, oe, ue, ja mit der Zeit auch für die ganz überflüssigen Buchstaben c, q, x und z neue Zeichen gebildet; die letzteren besonders sind als unächt und als ein erst spät zu dem Runenalphabet hinzugekommener Luxus anzusehen. Eine ähnliche Bewandtniss scheint es auch mit den drei Doppelrunen zu haben, welche die Zahlen bis auf neunzehn verlängerten, denn weiter geht das runische Zahlensystem nicht, nämlich:

ᛮ al, Arlaugr. 17.
ᛯ mm, Tvimadr. 18.
ᛰ tt, Belgthor. 19.

Um die übrigen Zahlen auszudrücken, setzten die alten Norden mehre Runen zusammen: ᛅᛅ (= zwei Zehn) bedeutete 20, ᛅᛅᚠ = 21, ᛅᛅᚢ = 22 u. s. w.

Runen

im Vergleich mit dem Gothischen Alphabet des Ulfilas.

Nordisch.			Goldene Bracteaten.	Goldenes Horn.		Angelsächsisch.			Ulfilas.		
ᚠ	fé	f	ᚠ			ᚠ	feoh	f	𐍆	faíhu	φ
ᚢ	úr	u v	ᚢ			ᚢ ᚣ	úr	u	𐌿	urus	ου ο
ᚦ	Þurs Þorn	þ ð	ᚦ			ᚦ	ðorn	þ	𐌸	Þaúrnus	ϑ
ᚭ ᚮ	ós	o	ᚨ	ᚨ	a	ᚩ	ós	o	𐌰	ans	α
ᚱ	reið	r	ᚱ	ᚱ	r	ᚱ	ráð	r	𐍂	raiða	ρ
ᚴ	kaun	k g	ᚲ	ᚲ	c (k)	ᚳ ᚳ ᚳ	cên	c (k)	𐌺	kaunzama	k c (γ ϰ)
			ᚷ	ᚷ	g	ᚷ	gyfu	g	𐌲	giba	γ
			ᚹ	ᚹ	v	ᚹ	vên vyn	v	𐍅 𐍅	vinja	v υ
ᚼ ᚺ ᚻ	hagal	h	ᚺ	ᚺ ᚻ	h	ᚻ ᚻ ᚼ	hägl	h	𐌷	hagls	h
ᚾ ᚿ	nauð	n	ᚾ	ᚾ	n	ᚾ	nead	n	𐌽	náuþs	ν
ᛁ	is	i	ᛁ	ᛁ	i	ᛁ	is	i	𐌹	eis	ι (η υ ε ει)
ᛆ ᛅ	ár	a	ᛃ			ᛄ ᛄ	gêr	ge (-j)	𐌾	jêr	ι
(ᛦ)	(ýr		ᛇ			ᛇ ᛇ	eóh	eo	𐌶 𐌶	iuja	ζ (σ)
			ᛈ			ᛈ	peorð	p	𐍀	pairþr	π
			ᛉ			ᛉ	eolh				
ᛋ	sól	s	ᛊ	ᛊ	s	ᛋ	sigel	s	𐍃 𐍃 𐍃	sôjil	σ (ζ
ᛏ ᛐ	týr	t d	ᛏ	ᛏ	t	ᛏ	tír	t	𐍄	tius	τ
ᛒ	biarkan	b p	ᛒ			ᛒ	beorc	b	𐌱 𐌱	baírika	β (v
			ᛖ	ᛖ	e	ᛖ	ehu	e	𐌴 (~)	aíhvus	η(ι ε αι αε)
ᛘ ᛉ	maðr	m	ᛗ	ᛉ	m	ᛗ ᛗ	man	m	𐌼	manna	μ
ᛚ	lögr	l	ᛚ	ᛚ	l	ᛚ	lagu	l	𐌻	lagus	λ
			ᛜ	ᛜ	gg(ng)	ᛝ	ing	ng	𐍇 +	iggvs	χ (k
			ᛟ	ᛞ	d	ᛞ	däg	d	𐌳	dags	δ (ϑ
			ᛞ)	ᛟ	ó	ᛟ	êðel	é æ	𐍉	ôþal	ω (o ου)
						ᚪ	ác	á			
						ᚫ	äsc	ä			
						ᚣ	ýr	y			
						ᛠ	ear	ea			
						ᛡ	ior	io			
						ᛣ ᛤ	calc				
						ᛥ ᛥ	stân	st			
						ᚸ ᚸ	gâr	g			

Allemand.

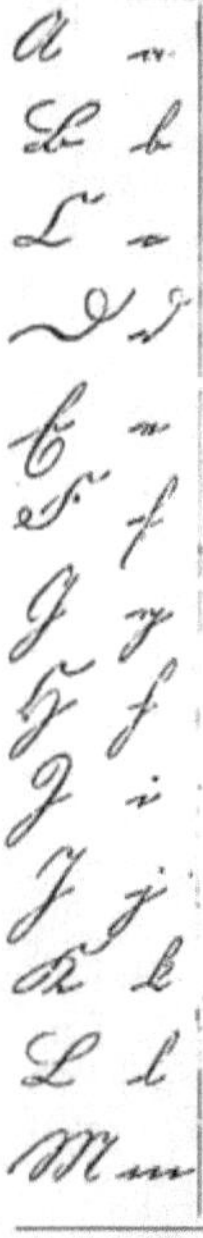

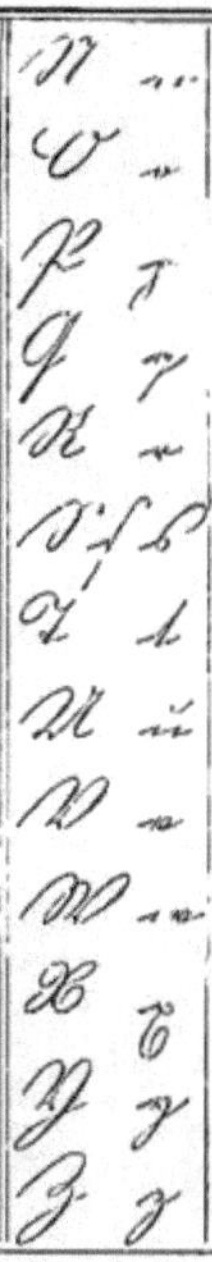

A	a	A	a	a	N	n	N	n	n	Ä	ä	Ä	ä	ä
B	b	B	b	b	O	o	O	o	o	Ö	ö	Ö	ö	ö
C	c	C	c	c	P	p	P	p	p	Ü	ü	Ü	ü	ü
D	d	D	d	d	Q	q	Q	q	q		ch	ch		ch
E	e	E	e	e	R	r	R	r	r		ck	ck		ck
F	f	F	f	f	S	ſ s	S	ſ s	s		ff	ff		ff
G	g	G	g	g	T	t	T	t	t		fi	fi		fi
H	h	H	h	h	U	u	U	u	u		fl	fl		fl
I	i	I	i	i	V	v	V	v	v		ſi	ſi		si
J	j	J	j	j	W	w	W	w	w		ſſ	ſſ		ss
K	k	K	k	k	X	x	X	x	x		ſt	ſt		st
L	l	L	l	l	Y	y	Y	y	y		ß	ß		sz
M	m	M	m	m	Z	z	Z	z	z		tz	tz		tz

Les voyelles sont: a, ä, e, i, o, ö, u, ü. Les diphthongues ou voyelles composées sont: ai, ei, au, äu, eu; toutes les autres lettres sont des consonnes.

Voyelles simples.

Toute voyelle, suivie de deux consonnes, se prononce brève; celle qui n'est suivie que d'une consonne, est longue.

Ä, ä, se prononce comme *è*.

E, e a tantôt le son de l'*é* fermé, tantôt celui de l'*è* ouvert, et dans les finales celui de l'*e* mi-muet.

Ö, ö se prononce comme *eu*.

U, u a toujours le son de *ou*.

Ü, ü se prononce comme l'*u* français.

Y, y a toujours le son de l'*i*, par lequel on le remplace ordinairement.

Les autres voyelles se prononcent comme en français.

Voyelles doubles.

Les voyelles doubles, aa, ee, oo, ne sont pas des diphthongues, car on ne fait sonner qu'une lettre, et la seconde indique seulement que la syllabe est longue.

ie représente *i* long.

Diphthongues.

Dans les diphthongues il faut faire sonner les deux voyelles l'une après l'autre, en ayant soin de les rapprocher de manière qu'elles ne fassent qu'une seule syllabe.

ai et ei se prononcent à peu près de même..

au se prononce comme *aou*.

äu et eu ont toutes deux la même prononciation.

Consonnes.

La plupart des consonnes conservant en allemand la prononciation qu'elles ont en français, nous ne nous occuperons que de celles qui présentent quelque difficulté.

C, c, devant ä, e et i, se prononce *ts*.

ch a une prononciation tout à fait particulière à la langue allemande, et qu'on ne saurait représenter par aucune lettre française. Il faut l'entendre prononcer par un Allemand.

chs ou chſ se prononce comme *x*, toutes les fois que ces consonnes appartiennent au même radical.

Mais le ch conserve sa prononciation gutturale, quand il se trouve devant l s ou ſ par contraction ou dans un mot composé.

G, g, conserve en général la prononciation qu'il a en français devant *a*, *o*, *u*; mais entre deux voyelles, au milieu d'un mot et à la fin des syllabes, g a un son qui se rapproche de celui de ch bien radouci.

Après l'n, à la fin d'un mot, g se prononce comme un k bien radouci.

H, h, au commencement des syllabes a une aspiration plus forte qu'en français. Cette aspiration est presque imperceptible devant l'*e* mi-muet. Placé après une voyelle ou un t, l'h ne se prononce pas: il indique seulement que la syllabe est longue.

J, j, ne se trouve qu'au commencement d'une syllabe, et se prononce comme *i*.

ck remplace le double *k*.

Qu, qu a le son de *kw*.

S, ſ, s, au commencement d'une syllabe, se prononce comme le *z* français, à la fin d'une syllabe comme l'*s* sifflante.

ſ et s ne diffèrent que dans l'orthographe: on met ſ au commencement et au milieu, et s à la fin des syllabes. Si dans le corps d'un mot non composé, il y a deux ſ de suite, on écrit ſſ.

ß ne se trouve qu'au milieu ou à la fin des mots: il est toujours précédé d'une voyelle longue, et se prononce comme l's sifflante.

ſch a toujours le son de *ch* français.

ſt et ſp se prononcent comme *st* et *sp* français; mais dans quelques provinces de l'Allemagne ſt, au commencement d'un mot, se prononce comme *cht*, et ſp comme *chp*.

V, v, se prononce comme *f*.

Z, z, se prononce comme *ts*.

tz remplace le double *z*.

German.

Fraktur		Roman	Fraktur		Roman	Fraktur		Roman
A	a	a	N	n	n	Ä	ä	ä
B	b	b	O	o	o	Ö	ö	ö
C	c	c	P	p	p	Ü	ü	ü
D	d	d	Q	q	q	ch		ch
E	e	e	R	r	r	ck		ck
F	f	f	S	ſ s	s	ff		ff
G	g	g	T	t	t	fi		fi
H	h	h	U	u	u	fl		fl
I	i	i	V	v	v	ſi		si
J	j	j	W	w	w	ſſ		ss
K	k	k	X	x	x	ſt		st
L	l	l	Y	y	y	ß		sz
M	m	m	Z	z	z	tz		tz

The vowels are: a ä e i o ö u ü. The diphthongs or compound vowels are: ai ei au äu eu; all other letters are consonants.

Simple vowels.

Every vowel, followed by two consonants, is pronounced short: followed by only one consonant, it is long.

A a is pronounced like *a* in the English word *father*.

Ä ä is pronounced like *a* in the English word *late*.

E e is pronounced like *e* in the English word *letter*.

I i is pronounced like *e* in the English word *me*.

O o is pronounced like o in the English word *hope*.

Ö ö is pronounced like *u* in the English word *murder*.

U u is pronounced like *oo* in the English word *roof*.

Ü ü is pronounced like the French *u*. There is no corresponding sound in the English language.

Y y has the sound of the German i, by which it is generally replaced.

Double vowels.

The double vowels aa, ee, oo, are no diphthongs, because only one letter is sounded, and the second only serves to indicate that the syllable is long.

ie is pronounced like *ea* in the English word *meat*.

Diphthongs.

In the German diphthongs, the two vowels must be sounded one after the other, but so quickly as to form only one syllable.

ai and ei are pronounced almost alike, and have the sound of the English *i* in the word *fire*.

au is pronounced like *ou* in the English word *house*.

äu and eu are both pronounced like *oy* in the English word *joy*.

Consonants.

The pronunciation of the consonants differs but little in the two languages; the scholar should remark the following peculiarities.

C c before ä e and i is pronounced like *ts*.

Before a o u, before a consonant and at the end of a syllable it is pronounced like *k*, by which in most cases it may be replaced.

Ch at the beginning of a word is pronounced like k, except in words derived from the French, when it preserves the French pronunciation.

In the middle or at the end of a word ch has a pronunciation quite peculiar to the German language, and more or less guttural, but for which no corresponding sound can be found in English; it is like the Scotch *ch* in the word *loch* after a o u au, but softer after ä e i ö ü äu eu, and after a consonant.

chs or chſ is pronounced like *x* when these consonants belong to the root or radical syllable.

But the ch preserves its guttural pronunciation, when it stands before the s or ſ by contraction or in a composed word.

G g at the beginning of a syllable is pronounced like the English *g* in the word *good*; but between two vowels, in the middle of a word and at the end of a syllable it has a sound like the ch, only much softened.

After n at the end of a word it is pronounced like a very soft *k*.

H h is always aspirated at the beginning of a syllable. The aspiration becomes however almost imperceptible before an e in the end-syllables.

After a vowel or a t, the h is not pronounced, but, only indicates that the syllable is long.

J j only stands at the beginning of a syllable and is pronounced like the English *y* in the word *yet*.

ck replaces the double k, and is pronounced short.

Qu qu has the sound of *qu* in English.

S ſ s at the beginning of a syllable is pronounced like the English *z*, at the end of a syllable however like the English *s*.

The long ſ is placed at the beginning and in the middle, s only at the end of syllables. If in a non-composed word there are two ſ one after another, they are written ſſ.

ß is only placed at the end or in the middle of syllables; it is always preceded by a long vowel, and has the sound of the English *ss*.

Sch ſch is pronounced like the English *sh*.

ſt and ſp are pronounced like *st* and *sp* in English; but in some parts of Germany they pronounce ſt at the beginning of a word like *sht*, and ſp like *shp*.

V v has the sound of *f*.

W w is pronounced like the English *v*.

Z z is sounded like *ts*.

tz replaces the double z and is pronounced very hard.

Druck von F. A. Brockhaus in Leipzig.

Zeitfracht Medien GmbH
Ferdinand-Jühlke-Straße 7
99095 Erfurt, Deutschland
produktsicherheit@kolibri360.de